communication

コミュニケーションのノウハウ・ドゥハウ

Know how, Do how

野口吉昭 編
Noguchi Yoshiaki
HRインスティテュート 著
HR Institute

PHP研究所

はじめに

人は、人の話を聞かないものだ。カラオケでは、人の歌を聴かないで、自分の曲探しをしている人の方が多い。通信会社や墓地斡旋の電話セールスレディのトークを一〇〇％聞いている人は稀だ。そもそも多くの人は、自分中心である。ソリューション営業ということで、顧客の課題解決のための営業が重要！と言っているような会社も、実際は、自分たちの売上を上げる手法でしかないケースが多い。ポリシーにまで至っていない。相手の立場に立った営業マンは、まだまだ多いとは言えない。

サッカー少年があこがれる、ある少年サッカーチーム。あるお母さんが中心になって、役員を決めようとした。三〇代のお母さんが、中心だ。合宿委員・保健委員・会計委員・イベント委員……。でも、なかなか決まらない。本心は、委員をやりたくない。でも、自分の子供がチームの中で冷たい扱いをされると思って、イヤイヤ引き受ける。しかし、表面はとりつくろって、微笑みながら「私は、いい人！」を装っている。子供のチームワークはいいのに、大人はよくない。目的を真に理解したり、相手の立場に立ったり、空気を読むことができない。自分中心。いや、自分の子供中心。子供同士でもめるとすぐに、親が介入してくる。価値観の共有化は、子供だけがしているから、話はややこしくなる。

公立の小中学校は、もっとひどい。ＰＴＡの役員は、じゃんけんで決める。みんなやりたがらないからだ。表面もつくろわない。ＰＴＡという概念は、都会ではもはや形骸化してきてしまっている。地域社会に貢献しようとか、地域の中で地域の子供たちを育てようという考え方は減ってきている。価値観の共通化や共有化という認識は、ＰＴＡの親たちにはなくなってきている。自己中心主義・自己愛ばかりが強くなってきている社会の現れだ。

都市コミュニケーション、地域コミュニケーションは、ますますその密度が薄くなってきている。そもそもコミュニティとは、地域そのものであり、生存の基盤でもあるはずなのに。

阪神・淡路大震災のとある記念碑にこのようなことが記されている。「震災が奪ったもの‥命・仕事・団欒・街並み・思い出……。震災が残してくれたもの‥やさしさ・思いやり・絆・仲間……」。もともと日本人は、いや、人間は、心優しいのだと思う。しかし、富や権威や見栄が、人を変えてしまっているのだ。災害に遭わないと人間の本質に戻れないというのは淋しい話だ。

地域そのものでもあるコミュニティの語源は、ラテン語の「コミュニス」やギリシャ語の「コイノニア」やフランス語の「コミューン」などからきている。意味的には、サービスする・共有する・共通の価値観・共同体といった意味だ。今の使い方から考えると、「共同体」というのが、最もすんなりと理解しえる定義になる。阪神・淡路大震災では、多くのもの・ことを失ったが、多くのもの・ことも帰ってきた。

コミュニケーションの語源は、ラテン語の「コミュニカーレ」や「コミュニコ」だ。いずれも英語の「シェア」という言葉になる。「共有化」「共通化」という意味である。目的の共有、価値観の共有、場の共有というわけだ。フレンチやイタリアンレストランで、シェアして！ というニュアンスは、わかりやすい。

では、ビジネスにおいては「コミュニケーション」をどういう意味・定義にするべきだろうか？

ビジネス上のコミュニケーションは、ホウレンソウといわれる報告・連絡・相談といった行為を言ったり、商談・会議・プレゼンテーションという場を言ったり、商品訴求力・広報・広告・ブランド向上という目的を言ったりする。そう、ビジネス・コミュニケーションは、多くのビジネスパーソンにより、多くのビジネスシーンで、多くの目的のために実践されている。大きく言ってしまえば、「ビジネスとは、コミュニケーションである！」とさえ言い切れる。「ビジネスのノウハウ・ドゥハウ」＝「コミュニケーションのノウハウ・ドゥハウ」というくらい、コミュニケーション・マインド＆スキルはビジネスにとって基本の基であり、重要なマインド＆スキルである。

ビジネス・コミュニケーションには、どういう定義が最も合致しているだろうか？　ＨＲインスティテュートでは、「ビジネス・コミュニケーションとは、相互理解を基本にした『納得のためのプロセス』」としている。そう、「納得！」にこだわっている。共同体であるコミュニティの語源、共有化・共通化、シェアするといったコミュニケーションの語源に近い形になっている。目的意識あってのコミュニケーションであるべき！　という意思を付加した定義である。

これまで、ＨＲインスティテュートでは、『プレゼンテーションのノウハウ・ドゥハウ』『ロジカルシンキングのノウハウ・ドゥハウ』といった本をノウハウ・ドゥハウシリーズ（ノウドゥ・シリーズ）として書かせていただいているが、本書『コミュニケーションのノウハウ・ドゥハウ』は、これらの関係書であり、両書よりもベーシックな本である。ぜひとも、個人個人が本書を読んでいただくだけでなく、チーム・組織・会社全体で読んでいただきたい。

コミュニティとは、共有化・共通化そして共同体であり、コミュニケーションは、その手段「納得へのプロセス」でもあるのだから、ぜひとも、あるべき価値観や目的を共有し、みなさんの会社らしさ＝コーポレート・ウェイを構築し、進化し続けていただきたいと心から思う。

いつも、激励の嵐、編集の下ごしらえをしていただいているＰＨＰ研究所ビジネス出版部の吉村健太郎氏には、心から感謝したい。そして、コンサルティング現場で数多くのヒントをいただいているＨＲインスティテュートのクライアントの方々、アドバイスをメールや読者カードなどでいただいている私どもの書籍の読者の方々、そして休日に執筆をしていることをお許しいただいているHRインスティテュート・メンバーの家族の方々・友人の方々に本書を捧げたいと思う。

いつもいつもありがとうございます！

私たちは生かされている存在であることをいつも意識しています！

二〇〇五年四月　神宮前にて

HRインスティテュート　代表　野口吉昭

コミュニケーションのノウハウ・ドゥハウ 目次

Contents

Communication

第3章 「自分パワーアップ力&相手シナジー力」を鍛えて、相手から信頼される

第4章 「ロジック力&聴く・訊く力」を磨いて相互に理解しあおう

Contents

第5章 「シナリオ力&伝える力」を向上させ、次なる行動を生み出す

communication

Communication

第6章

『言霊』――言葉に宿るパワーを活用しよう

第7章

「身体を使う」――言葉にしなくても伝わるメッセージ

Contents

第8章
「チームアップ！」
――チームを進化させるコミュニケーション

装丁◆松田行正・斎藤知恵子
本文デザイン・図表◆齋藤稔

第1章

そもそもコミュニケーションとは何か？

01 コミュニケーション力が弱ってきている時代

「生きる力」が弱ってきている

財団法人日本青少年研究所が実施している調査に、日本・アメリカ・中国・韓国の中学生・高校生の子供たちの意識調査比較がある。いつも興味をもってチェックしている。二〇〇三年九月〜一〇月に実施した調査（各国一〇〇〇〜一三〇〇サンプル）によると「自分のクラスでリーダーになりたい！」とかなりポジティブに思う高校生は、日本二・五%、アメリカ二四・五%、中国一三・四%、韓国一二・五%。日本の高校生のリーダー意識はかなり低い。「自分への満足度」も際立って低い。満足&まあ満足と答えた日本の高校生は三五・七%、アメリカ八二・七%、中国五五・四%、韓国四七・七%。

二〇〇二年の同じ機関による中学生の意識調査でも考えさせられる結果が出ている。「自分が価値ある人間であると思わない＋あまり思わない」と回答した日本の中学生は、六七・七%（一九九〇年調査では、六三・三%）もいる。アメリカでは、一四・七%。中国は、一〇・四%。もちろん、これらの背景には、謙虚・つつましい日本人という国民性が一定の範囲、出ているのだろう。が、そのレベルだけで考えるわけにはいかない。

幼児虐待・集団自殺・少年犯罪・不登校・ひきこもり・ニートなどの社会的事件・現象が急増している背景が、これらの客観的データから見て取れると考えるべきではないだろうか。「生きる力」「生き抜く力」が、次第に弱くなってきているのだ。日本の子供たちの主体性が、年々減退してきているのだ。

私は、「師範塾」という小中高の教師向けの私塾の理事&講師もしているが、受講生（教師のみなさん）の現場の声を聞いても「生きる力」の減退傾向が伝わってきている。

生きる力・社会性の欠如の要因を考えてみると、その重要要因に「閉ざされた家」「個立化された部屋」、つまり、「最小化したコミュニティ」があるように思える。個人のコミュニケーションは、極めて狭く、小さくなってきているのだ。携帯やパソコンでのメール・コミュニケーションは、便利で、効率的だ。気に入った人、関係する人だけと一対一のコミュニケーションがいつでもどこでも何度でもできる。一方で、嫌いな人・厳しい人・無関係な人とのコミュニケーションをしなくなってきている。しなくて済むようになっている。子供部屋・テレビゲーム・携帯メール……これらの道具は、皆、同じ環境を生んでいる。それは、子供たち、若者たちが、

【コミュニケーションを選んでいる！】

ということである。社会性というのは、選ぶコミュニケーションもあれば、選ばれるコミュニケーションもある。そして、選んでもいないコミュニケーションだってある。その様々な条件・環境で矛盾や相克を交えても、人は、喜びや幸福感を分かち合い、時に、悲しみ・挫折・悩みを癒やし合うものだ。

しかし、まだ幼い子供のうちから個室を与えて、テレビゲームを買い与え、携帯メールを解放すると、多くの子供たちは、自分の気に入った人、好きな人としかコミュニケーションをはかろうとしなくなる。食べ物の好き嫌いに似ている。食わず嫌いも当たり前になってしまう。我儘《わがまま》の象徴だ。

そうするとどうなるか？ 親が叱ろうと思っても、子供たちは厳しいコミュニケーションを避けるようになる。逃げる。そのために個室に入る。テレビゲームにのめり込む。喜びを家族と分かち合うことも、悲しみや挫折を家族とシェアして和らげることもしなくなる。今の大人たちは、子供たちに避ける場所・逃げる道具を、コミュニケーションを選ぶ道具と環境として与えてしまったのだ。「うざい！」という言葉こそ、コミュニケーションを選んでいる子供たちのシンボリックな言葉であるのだ。

では、ビジネス・コミュニケーションは、どうだろう？　コミュニケーションを選べるか？　上司を選べるか？　顧客を選べるか？　仕入れ先を選べるか？　好きな会議だけに出られるか？　やりたいプレゼンだけできるか？　すべて「NO！」だ。

若い人たちの生きる力を弱らせてきている背景には、大人が子供たち・若者たちにコミュニケーションを選ばせる機会を与えすぎてしまったことがある。子供部屋・テレビゲーム・携帯だけが悪いのではない。それらの道具の弊害をカバーするだけの必要性・必然性を大人が認識し、行動していないのだ。すべて、大人の責任なのだ。

コミュニケーション力とは「生きる力」の条件でもある

コミュニケーションとは、生きる力と大きく関係する。作家の浅田次郎氏は、最近の生きる力の減退の主要因は、「言語力」だと述べている。言い換えれば、生きる力とは言語力にあるというのだ。つまり、言語はコンセプトであり、意志であり、生命力そのものであるという意味だ。コミュニケーションの主メディアは、言語である。

この言語力が、現在、停滞・衰退していることは間違いない。読み書きそろばんの授業が減り、「塾が勉強するところで、学校は、友達と遊ぶところ」という構図ができてしまった。そういう社会になってしまった。受験技術・学習技術だけでは、言語力の進歩を期待することはできない。本来、言語では、知識が、知恵が、歴史が、理念が、道徳が表現されるものである。生きる力そのものでもある。

「にんげんだもの」「おかげさん」「一生感動　一生青春」などで著名な相田みつをさんの書と言葉は、言語力のシンボルである。端的な言葉で、多くのこと、深いこと、本質なることを語っている。生きる力を失いつつある多くの人々が、相田みつをさんの書と言葉に励まされている。

コミュニティやコミュニケーションの語源は、共有・共通化することであると前述した。言語力というのは、価値観・価値基準をも意味する。相田みつをさんの書と言葉は、一つの価値観を提示してくれているし、その価値観を共有・共通化してくれている。そして、励まし、元気にしてくれる。

最近の新入社員は、企業の中でもがき、這い上がるような苦労をあまり好まない。壁にぶつかる前に、壁をつくらない。壁が何かもわからずに、去ってしまう傾向が高まっている。もちろん、ヒョーヒョーと壁を乗り越えて、どんどん這い上がる新人もいる。概して一〇年前よりも、新人たちは勉強をしてきているし、プロフェッショナリズムにこだわってきている。しかし、平均的には、壁を避けようとしている。社会でも企業でも、生きる力が減退している現実が、今、まさにそこにある。

人事の採用担当者も、「骨があるヤツ」「シゴキがいのあるヤツ」「一緒に働いているイメージが浮かぶヤツ」を求めるようになっている。「人間力の基盤がありそうなヤツ」「人の立場を考える対話力がありそうなヤツ」を意識している。コミュニケーション力とは、ビジネスパーソンの総合力の基盤である。人間として、社会人として、企業人として、上司として、部下として、専門家として……という「○○として」の基盤スキルである。

勝ち組企業にはみな、「生きる力」がある

イトーヨーカ堂グループ、イオングループ、ダイエーグループ、西友グループは、日本の総合量販店(GMS)の四強だったが、近年勝ち組と負け組が明確になった。ダイエーは、産業再生機構の下にはいり、西友もウォルマート傘下になった。新たな変革で負け組は、再起を誓うことになる。

勝ち組と負け組を分けた要因は何か? それは、変革力だ。しかも、それは市場起点の日々の変革。現場の、毎日の変革だ。市場変化への対応と自分たちの自己変革が、命運を分けた。しかも、その変革は、恒常的な進化・革新でなければならなかった。ダイエーも西友も残念ながら市場基点経営ができず、変化対応への動きも鈍感になってしまった。生きる力が、弱くなってしまったのだ。

〜「企業にとっての生きる力」というのは、恒常的な「変化対応と革新」にある〜

では、変化対応と革新を動かすのは、何か？　それは、生きる力の仕掛けと仕組みである。では、その仕掛けと仕組みとは、何か？　それは、日々の現場のコミュニケーションであり、現場とミドルそしてトップとのコミュニケーションである。コミュニケーションによって、市場変化の情報が運ばれ、そこに問題意識・危機意識・当事者意識が加わり、新たなビジョンや戦略や施策が生まれ、仕掛け・仕組みになっていくからだ。

　つまり、コミュニケーション力の差こそ、現場力の差であり、市場対応力の差である。そしてそれは企業のトップのリーダーシップの差になり、戦略構想力や戦略遂行力の差、つまりは企業の生きる力の差となるのだ。

02 「一人ひとり」のコミュニケーション力が強い企業が勝ち組になる

「守・破・離」によって人は成長する

ＮＰＯである「師範塾」の塾長の高橋史朗さんとは、設立準備期から色々とお話をさせていただいている。高橋さんがよく語られる話に、千利休の「守・破・離」の話がある。

～規矩《きく》作法**守**りつくして**破**るとも**離**るるとても本を忘るな～

最初は、とにかく基本を**守**れ。教えに徹底的にこだわれ！　そして、その後には、その基本を超えて枠を**破**り、自分らしさ、独創性を探求しろ！　さらに、その基軸から**離**れて、自在の世界を自らの手で切り拓け！　しかし、とはいっても基本の心・精神は、決して忘れてはならない。といった意味だ。

もともと「守・破・離」は、室町三代将軍足利義満の時代の観阿弥・世阿弥が、能の世界での鍛錬・進化のレベルを体系化したものだ。現在では、茶道・華道・武道・能などの多くの世界で使われている基本フレームだ。

企業戦略には、仕掛けてシェアや売上を取りまくる「勝つ戦略」と、仕組みをしっかりと磨いて仕掛ける基盤をつくる「負けない戦略」がある。「守・破・離」とは、いわば、負けない戦略から勝つ戦略へのサイクルを意味しているのだ。

今、重要なのは、勝つ戦略よりも負けない戦略だ。負けない戦略の基本は、社内資源の鍛錬にある。人材の研鑽《けんさん》であり、知の収斂《しゅうれん》であり、技術の熟成である。

特に、一人ひとりの人材の力こそが企業の根幹であり、企業遺伝子の原点である。チームの「守・破・離」、人材の「守・破・離」は、企業を進化させる正の遺伝子であり、このサイクルこそ社内コミュニケーションの基本である。

コミュニケーションの最初のステージは、「信頼」にある。信頼なくして、コミュニケーションのステージを進めることは叶わない。そして、信頼を勝ち得て「理解」の共有となり、その後は、実際の価値創造のための「行動」に移る。これを「守・破・離」で考えてみると、以下のようになる

・「守＝信頼」～基本を備え、基本を遵守する

・「破＝理解」～矛盾・壁を超え、異なる価値を認め合う

・「離＝行動」～新たな価値創造へ向けて動き出す

この三つのステージをコミュニケーション・レベルとしていかにサイクル化させるかが、企業活動においては、重要だ。

「負けない戦略」にこだわる企業は、一人ひとりのコミュニケーション力が強い

トヨタ、ホンダ、花王、キヤノン、セブン‐イレブン・ジャパンなどの組織としての仕組みは、かなり磐石になりつつある。これら進化し続けている企業は、「負けない戦略」が強い。生産システム・人材開発システム・商品開発プロセス・会議体系などがしっかりとしていて、かつ、独創的である。これらの企業の方々と会話すると気がつくことがある。それは、彼ら・彼女らは、共通の言語・用語を使うことだ。

例えば、トヨタなら周知の通り「ゲンチゲンブツ」「見える化」「なぜを五回言う」「カイゼン」、ホンダなら「ワイガヤ」「ヤマゴモリ」「フレキ」「夢」、花王なら「マーケティング」「TCR＝トータル・コスト・リダクション」「VCR＝バリュー・クリエイティング・レボリューション」、キヤノンなら「5S、その中のしつけ」「共生」「ワイガヤ」「技術バラシ」、セブン‐イレブン・ジャパンな

ら「変化対応」「死に筋・生き筋」「仮説検証」「モノ真似をしない！」といったことだ。

価値基準がしっかりと組み込まれた共通言語（＝価値遺伝子と呼んでいる）が、全社員に共有化されているのだ。しかも、常に、そこに立ち止まるな！　進化せよ！　革新せよ！　と言われ続けている。これらの企業には、ＨＲインスティテュートのクライアントも多いので、その企業遺伝子を私たちコンサルタントは、現場で直接知ることができる。価値基準が明確で、皆、自分の会社が好きで、この会社を絶対につぶしてはならない！　絶対にビジョンを達成させてやる！　という勢いがよく伝わってくる。

負けない戦略が強いこれらの企業には、共通な価値観があり、しかもほとんどのメンバーが、それらを共有しているから、納得感が強い。しょうもない不満や疑問は出てこない。もちろん、どんな企業でも問題、不満はある。が、それらを超えた次元で、社員一人ひとりが、目的へのこだわりをもって、目標に向かっている。相互理解を前提にした「納得」のステージに踏み込んでいる。

これらの企業は、非常にコミュニケーション力が高い組織だといつも感心させられる。これほど大きな企業なのに、常に一定レベルのコミュニケーション力が存在する。それは、コミュニケーション基盤があるからだ。どういう価値基準で、どういうビジョンで、どういう共通言語で企業活動すればいいかの基本が、仕組みとして揃っているのだ。それらは、正の企業遺伝子であり、制度やルールでもある。つまり、コミュニケーションのスタイルやルールにこだわっている企業は、負けない戦略が強い企業と言えるのだ。

一人ひとりのコミュニケーション力が強いと、市場の変化との乖離《かいり》が少なくなるし、ありたい姿・あるべき姿の議論もしやすい。そして、その実現に向けた戦略構想力のレベルが常に一定レベルになっており、何よりも戦略実行力が結果としておもてに表れるようになっているのだ。

Communication

03 ビジネス・コミュニケーションとは、相互理解を基本とした「納得のプロセス」

経営者が教育事業に乗り出してきている

横浜市教育委員会は、二〇〇五年四月開校の横浜市立東山田中学校（都筑区）の校長に、楽天元副社長の本城慎之介氏（当時三二歳）を選んだ。元マッキンゼーで大前研一氏主宰のビジネス・ブレークスルーの役員も担当している炭谷俊樹氏は、神戸にラーンネット・グローバルスクール（http://www.l-net.com/lgs/index.htm）という私塾を設立して運営している。リクルートの第一号フェローだった藤原和博氏は、杉並区立和田中学校の校長になって、高く・広い教育活動を展開している。ワタミフードサービスの渡邉美樹社長は、東京都文京区の私学「郁文館学園」の理事長を務めている。先述しているように、私どもHRインスティテュートもNPO「師範塾」（http://www.shihanjuku.com/）、そして子供たちのリーダー教育としての私塾「バッカーズ寺子屋」の設立・運営支援をさせていただいている。

経営者や経営コンサルタントが、次々と学校教育に参画している。それは、何故か？

それは、現在の教育の在り方、制度に大いなる危機感を抱いているからだ。教育のための米百俵と言った総理大臣が、義務教育費の削減を進めている。詰め込みからゆとり教育への大きな転換で、日本の子供たちの学力が著しく落ちてしまったからと、大きな舵を何の反省もなく変更した文部科学省。

教育ビジョン、そして、教育コンセプトがない国家を憂えた当事者意識のある経営者、経営コンサルタントたちなどが、教育のあり方を見つめて、動き出している。そして、そのことを社会も理解し始めてきている。では、教育をどんな方向に進めようとしているのだろうか？　どんな教育ビジョンを目指しているのだろうか？

それは、「詰め込み！」でも、中途半端な「ゆとり！」でもない。

「生きる力」「本質」「ホンモノ」「厳しさ」「夢とビジョン」「キャリア」「社会・世の中」「心技体」「守・破・離」という教育のあるべき姿を探求しようとするものだ。つまり、企業人たちが、社会からの視点で人としての教育の道を切り拓こうとしているのだ。

ビジネス・コミュニケーションをどう定義する？

実はこの方向は、企業、ビジネス上の人材育成の方向でもある。

そもそもビジネス・コミュニケーションって何だろうか？　ビジネス・コミュニケーションの定義のためには、これらの教育に関わる社会的問題意識も反映させることが大切だ。人材育成のあり方とビジネス・コミュニケーションの定義は、切っても切り離せないからだ。前述のコミュニティ、コミュニケーションの語源も踏まえて考えてみよう。

まずは、ビジネス・コミュニケーションが生まれるビジネスシーンを想定してみよう。ビジネスにおけるコミュニケーションで重要なシーンには、

・顧客とのコミュニケーション
・代理店・取引先とのコミュニケーション
・上司&部下のコミュニケーション
・社内でのコミュニケーション（会議・ミーティング含む）

などがあるだろう。

では、このようなシーンでは、何が問題になっているだろうか？

・ホウレンソウ（報告・連絡・相談）ができていない
・相互信頼が育成されない
・目的・目標が認識されない&達成されない

・相互理解までの関係性が築けない
・生産的・効率的・論理的・建設的・創造的関係になっていない
・チーム・組織・企業が進化していかない
といった内容に収斂されるだろう。
大きくまとめると、
①　基本的なマインド&スキル不足によっての相互信頼が実現できていない
②　価値観の共有・共通化がなされず、目的・目標が相互認識&相互啓発されておらず、相互理解のレベルまで行き切れていない
③　個人も組織も目的・目標に向かっていかない。行動していない
となるだろう。

人は人の話を聞いていない。だからこそ、まずは、コミュニケーションの基本でもある「関係性を認識する」「連携を図る」ことが不可欠だ。つながるという意味・定義だ。電話会社でいう通信としてのコミュニケーションだ。

しかし、ビジネスは、つながれば済むものではない。関係性をもつということは、そこに目的と目標が介在するからだ。次に来るコミュニケーションのポイントは、目的・目標の共有化・共通化だ。そう、コミュニティ、コミュニケーションの語源そのものだ。このためには、相互理解への相互認識・相互確信が不可欠になる。

さらに、進めたい。ここまで来たのだから、目的・目標の共有・共通化～相互理解だけでなく、そこから新たな価値を創造・創発したりする行動レベルまで達したくなる。そう、相互に「納得」するレベルまで求めるようになるのだ。

まとめるとこうなる。「目的・目標の共有化・共通化を通した相互理解を基本とした納得のプロセス」こそが、ビジネス・コミュニケーションの定義になる。

あらゆる場面で「納得！」がカギとなる

さて、このビジネス・コミュニケーションのキーワードは、「納得！」だ。自分が納得し、相手が納

1-1　ビジネスコミュニケーションの定義

◎コミュニティの語源

ラテン語「コミュニス」、ギリシャ語「コイノニア」
フランス語「コミューン」

[共通化・共有化・サービスする・共同体]

◎コミュニケーションの語源

ラテン語「コミュニカーレ」「コミュニコ」

[共通化・共有化・シェアする]

現在のコミュニケーションの問題点・留意点

○ホウレンソウ(報・連・相)ができていない
○相互信頼が育成されない
○目的・目標が認識されない＆達成されない
○相互理解までの関係性が築けない
○生産的・効率的・論理的・建設的・創造的関係になっていない
○チーム・組織・企業が進化していない

つまり…

1. **基本的なマインド＆スキル不足によって相互信頼が実現できていない**
2. **価値観の共有・共通化がなされておらず、目的・目標が相互認識＆相互啓発されず、相互理解のレベルまで行き切れていない**
3. **個人も組織も目的・目標に向かっていかない・行動していない**

だからこそ…

ビジネスコミュニケーションの定義	**相互理解を基本とした「納得のプロセス」**

得する相互プロセスこそが、ビジネス・コミュニケーションの本質である（図1—1参照）。

まず、顧客との関係性を考えてみよう。最も優れた営業マンは、納得営業をしている人だ。説得ではない。解説でも、もちろんない。顧客が、営業マンの提案内容をそのまま受け容れるのではなく、営業マンが仮説をソリューションとして提示し、それを顧客と一緒に議論・検証し、共有化・共通化する。その結果「商談成立＝納得」を実現することができる人が、トップセールスマンになるのだ。

代理店・取引先とのコミュニケーションも顧客との関係とほとんど同じだ。信頼関係を基盤にし、相互のベネフィットを共有・共通化し、それを相互理解することで、結果、双方がハッピーになる納得のＷＩＮ－ＷＩＮ関係を築くことが、あるべき代理店・取引先との関係だ。

一方、上司＆部下のコミュニケーションは、本来、かなり深いものである。相互信頼・相互啓発・相互共育・相互理解・相互創発という高く・広く・深い、つまり強い関係性が、あるべき姿だろう。納得なくして、上司＆部下でのチームのシナジャイズはありえないのだ。

また、社内でのコミュニケーション（会議・ミーティング含む）では、正確性・効率性・生産性・戦略性などがより求められる。厳しい関係でもある。相互理解が反することもある。だからこそ、納得のプロセスがしっかりとしていなければ、付加価値は生まれない。

以上、どんなシーンにおいても、ビジネス・コミュニケーションとは、「相互理解を基本とした『納得のプロセス』」であるのだ。

04 三つのスキル＆三つのステージで考える

ドクターと患者の納得プロセス

この原稿を二〇三号室の病室で書いている。ビジネス・コミュニケーションのスキルとは何か？ そのためのノウハウ・ドゥハウとは何か？ をドクターと患者とのコミュニケーションをベースに生々しく考えてみよう。

私は、小さな手術をした。準備期間は、半年かけた。仕事にできるだけ影響がないようにと考えたからだ。命に別状がない手術でもあったので、スケジュールを数ヶ月の幅で調整してきた。

初診の際の「ドクター」と「潔いとはいえない患者（私）」の会話はこうだった。

患者　「ちょっとここらあたりに、こういうのがあるんですが。夏のある日（手術五ヶ月前）、自分で見つけました」

ドクター「これは、八〇％〇〇ですね。手術しか処置の方法はないです。これは、〇〇〇〇というものです。成長していきます」

患者　（おいおい、いきなりかよ……。ここで患者は、切りかえした）

「確かに、この症状は、インターネットで色々調べても〇〇だと思われます。でも、二〇％は、まだ、違う可能性があるんですよね」

ドクター「はい。一〇〇％ではないです。でも、いくつかの状況から、ほぼ〇〇だと推測されます」

患者　「症状が消える可能性はありえますか？」

ドクター「では、質問しましょう。違和感ありますか？」

患者　「あります」

ドクター「時間とともに大きくなっていますか？」

患者　「それほどでも。いや、少しは……」

ドクター「ＸＸＸという誘引反応はありますか？」

患者　「ま、まあ、あります」

ドクター「急ぐものではありません。今すぐ、処置しなくても大丈夫ですが、少なくとも手術する二週間のスケジュールを空けておいたほうが、いいと思います。長く放っておくと、かなり悪化して、〇〇〇の〇〇〇という状況になる症例が、いくつも見られます」

かなり論理的に攻められた。対話力もあった。「八〇％の確率」は、医者特有の「脅しマーケティング」ではなく、客観的に攻められて、診察中に「九五％の確率」まで、患者自身が引き上げることになってしまった。

しばらくしてから（手術二ヶ月前）、患者が覚悟を決めようとしていた時期の診察中の会話。

ドクター（患部を診察しながら）「どうですか？その後の経過は？」

患者　「少し悪化しているような気がします。海外に二週間後に行かなければならないんですが」

ドクター「それは、困りましたね。この状況では、いつ〇〇〇が悪化するか分からないですね。覚悟を決めれば行ってもいいですよ。海外でも簡単に処置はできますから。教えましょう」

患者　「そうですか。でも、一人で行くわけではないので、かえって周りに迷惑をかけるかもしれません」

ドクター「なるほど。今、処置できればいいんですが、○○○には、タイミングが必要なんです」

患者「考えます。ところでドクター。今日は、暇ですね」

ドクター「そうですね。こういうこともあります。新しい病院だから、なんとか患者さんでいっぱいにしなければいけないんですが」

患者「一般的な病院というのは、木曜日に休んで、土曜日も午後は休んで、日曜日も休みですよね。でも、ドクターは何故か、木曜日も土曜日も一日フルでやっていて、日曜日も午前だけは、やっていますよね。複数のドクターがいるんですか? ベッド数も一九床ありますよね。一人なのに、休みが日曜日の午後と祝日だけというのは、しんどくないですか?」

ドクター（笑いながら）「しんどくないとは言いませんが、自分が選んだ道ですから。一年半前にオープンしたもんですから、三年は、辛抱だと思っています。借金もかなりあります。この土地（定期借地権つき土地）と運良く出会って、がんばろうと思ったのです。好きな仕事ですから大丈夫です。患者さんに少しでもいい診療とオペができればと思ってますので」

この会話で、年末年始のオペをその場で予約した。その後、途中の状況をメールで数度確認させてもらったが、メールのＲＥＳは、翌日の朝の八時三○分（診察が始まる三○分前だ）にもらっていた。実に、ＲＥＳが速い。そのことも含めて、私は、ドクターに二週間安心して身体を預けることにした。

オペの当日の会話。麻酔を打つ五分前の手術室で。

おばちゃん看護師「寒くないですか?」
患者「大丈夫です。でも、慣れていないんで、少々緊張します。でも、やること早くやっちゃいたいんで」
おばちゃん看護師「そうですよね。これっきりにしたいですよね。大丈夫、先生は、うまいから。いい先生ですから。安心してください。最初に麻酔を打ちますが、これは、点滴の針よりもかなり細いです。XX麻酔は打ったことはないでしょうけど、大丈夫ですよ」
(ポンと背中を軽く叩いて=大丈夫……安心してください……という感じだった)
患者「では、いきましょう」
ドクター「さあ、退治しましょう。ちょこっとピリッときますが、いいですか、ここに麻酔を打ちますからね……」
(一時間のオペが終了しその手術室で。ストレッチャーで運ばれる前に)

ドクター「いいですか。説明しますよ。思ったよりも時間がかかりました。これが、〇〇です。これを……という形で、……と……で……して、……しました。かなり、曲がりくねっており、かなり複雑になっていましたので、いつもより時間がかかりましたが、安心してください、すべて切除しました」
患者「なるほど。こいつが、〇〇ギドラですか。どんな器具で、どうやって切除したのですか?(本当は、オペの前に聞きたかったが、考えてみるとそれを患者に話すのは、不安にさせるだけかもしれないとも思った。私は、知りたかったが……)これで退治できましたか? これは、再発の可能性はどうですか?」
ドクター「退治できました。やり方は、……という器具で、……という方法で……という進め方でした。傷は、このくらいの大きさです。そして、実は、ついでに……もありましたので、削除しておきました。再発は、ココからは、もうないと思われます。もちろん、経過観察が重要です」

手術台の上の会話としては、大分、長かったのではないかと思われる。興味津々でもあり、再発が気にもなったので、しつこく聞いていた。

こうして私は、ドクターとの相互信頼の上、目的と方法を相互理解し得てオペに向かい、無事終了した。もちろん、手術は成功。納得のプロセスを何度も繰り広げることができた。その後の術後二日目・三日目の説明も電子カルテの画面上で、稚拙な絵ではあったが説明をしてくれた。そして、それらをプリントアウトして、その場で手渡ししてくれたのである。それから退院に向けての大きな流れを説明して、診察も短時間で終了した。

ドクターは、一人しかいない。その年の外来は一二月二九日で終了したが、入院患者は一二名いた。毎日の術後の診察が必要だ。当然、ドクターは、年末・年始の休みは一日もない(実は、祝日は、完全な休みではなかった。入院患者がいるのだから。そう、このドクターは、年中無休のドクターなのだ)。

当然ではあるが、ドクターという職業には、専門的な知識・経験という論理性を基盤にしつつも、それを超える人間性が重要だ。そして、人間性・論理性を患者に理解してもらうためにもインフォームド・コンセントとしての対話力が不可欠である。

これからますます病院マーケットは、厳しくなる。そのような中で、今、病院マーケティングが注目を浴びているが、それは、プロモーションや設備やネーミングや看護師さんの言葉遣いといったレベルのものではない。ドクターそして看護師・薬剤師・事務スタッフ・清掃スタッフ……すべてのチームのもつ、人間力・論理力・対話力の総合力が、重要なのだ。医術は、算術ではない。あくまで、仁術であるべきなのだ。お金は、結果でしかない。

当然だが、あくまで、患者基点でなければ、病院マーケティングではない!

三つのスキル&三つのステージでのコミュニケーション体系

以上の例でもおわかりいただけたと思うが、ビジネス・コミュニケーションのノウハウ・ドゥハウは、範囲が広いし、視点は極めて高い。そして、何よりもその本質は、かなり深いものだ。

本書では、「相互理解を基本とした『納得のプロセス』」であるビジネス・コミュニケーションの「スキル」を大きく三つ——人間力・論理力・対話力とした。そして、コミュニケーションのあり方は、そのシーン、その当事者のレベルによって異なるということで、三つの「ステージ」で整理することにした。なぜならば、当事者同士の関係性によって、また、コミュニケーションの目的によって、その考え方・必要なスキル——さらに分解した「コミュニケーション・コンピテンシー」が異なるからである。詳細は、2章以降にて説明することにする。

そのステージは、以下の三つである。

・信頼の段階（守）＝ステージ1：まずは、信頼しあうことが基本
・理解の段階（破）＝ステージ2：相互の理解のための課題・目的の共有化が必要
・行動の段階（離）＝ステージ3：目的に向けての実現レベルの行動へ

この三つのステージが、納得へのプロセスとしてのコミュニケーション・ステージである。

先ほどお話ししたオペの経緯を振り返ってみよう。

・信頼の段階（ステージ1）→医者が患者思いで経験も豊富で、懸命に仕事に情熱を燃やしていることによる相互信頼
・理解の段階（ステージ2）→病名の確定とその論拠の客観化を相互の対話で実現
・行動の段階（ステージ3）→オペの実施、オペと治療のプロセスの納得感の共有

この三つのステージは、先ほどの三つのスキルの駆使によって、更なるステージに進化するものでもある。

・人間力→患者の気持ちを先回りし、患者の状況

をしっかりとヒアリングした上で、自分の仕事への自信と情熱を醸し出す

・論理力→症状の特定化のための論拠の客観化とその評価の数値化

・対話力→インフォームド・コンセントとしてのわかりやすい対話力。できるだけ患者本位のスケジュール尊重

私が入院した病院は、まだ若い病院なのにもかかわらず、看護師はじめ病院スタッフの方々にも多くの正の遺伝子が認められ、今後も更に、正の遺伝子が醸成されるのではないかと思われる。ドクターの奥様が、事務長兼看護師長で上手にファシリテーション（上手に仕切ること）していることもとても価値あるように見える。そう、おばちゃん看護師が話していた。「いい奥様といいドクターですよ。私は、お二人とも好きです」という何気ない一言が、全体の遺伝子の状況を言い表しているのではないだろうか。

コミュニティ、コミュニケーションの語源は、そもそも「共有」「共通」であった。ビジネス・コミュニケーションは、これらに「納得！」という考え方を本質要素として、入れ込んでいる。

ビジネス・コミュニケーションに必要なのは、「納得のプロセス！」にこだわることである。

第2章

コミュニケーションに必要な「三つの能力」——人間力、論理力、対話力

communication

Communication

01 優れたコミュニケーションには「三つの力」がある！

「優れたコミュニケーション」とはそもそも何か？

コミュニケーションとは何か？　は大体、理解していただけたと思う。そこで、コミュニケーション・スキルを考えるにあたり、コミュニケーション能力の高い人、コミュニケーションの達人を周辺に探してみよう。いくつかの共通点が見られるはずだ。それらは……

①相手の立場に立っている
②会話の中から相手の課題は何かを常に考えている
③会話の中で自分が伝えるべきことは何かがわかっている
④会話の全体像を捉えている
⑤順序だてて会話を進めることができている
⑥仮説を立てながら会話を進めている
⑦言葉だけでなく相手の感情にも注意を向けて会話を進めている
⑧事実をもとに会話を進めている
⑨次なる行動をしっかり相手と共有している

といった点が挙げられる。もちろん、これら以外にも細かい特徴を挙げればいくらでも挙げられる。皆さんは、この九つの特徴の中で、自分は、これはできている！　というものがいくつあっただろうか？

これらの要素は、共通して、お互いの納得のためのプロセスにおいて重要なものばかり。こうしたコミュニケーションができる人材がいる企業や、こうしたコミュニケーションを仕組みとして、また原則として重視しているチームは、チームそのものが互いの納得をベースにコミュニティ＝共同体として機能する価値を生み続けることができる。優れたコミュニケーション力は、そのままチームとしての力になるのだ。

ワールドカップで初の決勝トーナメント入りを果たすまでにチーム力を高めたサッカー日本代表フィリップ・トルシエ前監督も、最後はとにかく「コミュニケーションをとれ！」、これを繰り返し続けた。勝利の答えは監督が持っているわけではない。選手が持っている。瞬時に状況を判断し、状況に対応することができるのは、監督ではなく、現場にいる選手だ。ゴールに向かって、互いの状況を捉えて、自分なりの答えを出し合いながら、互いの納得のもとに前に向かって進めていく。その先に勝利がある。トルシエ監督はそう信じ、そしてチームは結果を出した。優れたコミュニケーションができているかどうかは結果に現れる。みなさんも、普段の自分の仕事の中で、チームがどんな結果を出しているか？　を考えながら、自分ができていること、できていないことを考えてみよう。

コミュニケーション力には、「三つの力」がある

先ほどあげた例をもう少し整理してみよう。コミュニケーションと一くくりに言っても、様々な力が複合的に係わりあっている。そのコミュニケーションに必要な力は、大きく三つの力に分けることができる。

①人間力：自己を確立し、相手の立場に立つ力
②論理力：話を構造化し、相手にわかりやすく伝える力
③対話力：しっかり相手の心を捉え、相手の納得を生む話をする力

この三つは、切り分けて身につけることは難しい。どれもが、相互に重なりを帯びている。そして、すべて重なっている部分が優れたコミュニケーション力といえる（図2―1）。

一つ目の「人間力」は、一言でいうと、『納得』のために「信頼関係を築く能力」といえる。コミュニケーションは、自分と相手との相互の信頼の上に

成り立っている。信頼を得るためには、まず自分をしっかり持ち、相手の立場に立って自分が努力することが必要だ。自分のために話す人、相手をないがしろにして話す人の話は、誰も聞こうとはしない。相手の状況をしっかり把握し、相手の立場に立つ。そして相手よりも自分を深める。これが信頼を得るために不可欠な要素だ。

子供が親の言うことを聞かない！　と嘆いている親は、そもそも親の人間力が欠けていることが多い。信頼関係を築くためには、自分よりも相手を優先する、相手そのものよりも相手の課題を優先する、という確固たる自分を持たないといけない。子供に言うことを聞いてもらいたいと思うなら、普段から自分が子供の言うことを率先して聞く必要がある。「今は忙しいから後にして！」とか「大人と子供は違う！」とか言っているようでは、まず子供は親に対して聞く耳を持つようにはならない。子供に勉強しろといっても、それだけで従うほうがムリだ。「何のために勉強すべきか？」「子供の人生が社会にとってどれだけ重要か？」「親としてどのようにそれらを子供に考えさせるか？」ということに努力していない親がいくら勉強しろと言ってもムダだ。翻って、「自分は何のために仕事をしているか？」をしっかり考えない親が、子供に勉強しろといっても聞くわけがない！

人間力は、「自分という存在を意識し、いかに相手を動かすか？」「チームを動かし、結果を出すか？」に対して、責任を持つことから生まれる。『納得』のコミュニケーションのために、お互いを尊重しながらも、自己をぶつけ、結果を出そうとする責任を全うすること。その力が人間力だ。

「論理力」がないから、意味が正確に伝わらない

二つ目の「論理力」は、『納得』のために「目的・課題、そしてそこから来る本質を整理する能力」といえる。よく、「ミス・コミュニケーション」といわれるケースがある。「私はAと言ったんだ！」「えー？　私はBと理解していましたが…」というやつ。正確な言葉と意味を共有せず、そ

2-1 3つのコミュニケーション力

優れたコミュニケーション力には、
3つの力の総和が必要！
どの力も相互に強い関係性を持っている！

れをお互いに確認していない場合に起こるものだが、大抵は言葉云々の問題の前に、この目的や課題、そして本質を整理体系化する論理力が不足していることが原因になっているケースが多い。

つまり、「そもそも何のために、どんな理由で、どういうアプローチでAという結論に至ったか?」というプロセスをお互いに理解しないで話をしてしまうと、言葉の意味が多岐にわたった場合に、違った解釈を起こしてしまうのだ。

説明責任(アカウンタビリティ)という言葉があるが、これはまさにコミュニケーションにおける論理力が問われているということである。医者や弁護士、政治家、学校の先生など「先生」と呼ばれる責任を負っている人には必ず必要になる力。

『納得』のコミュニケーションをとるためには、表面上の言葉のやりとりではなく、その本質をお互いに理解しあう、共有するということが問われる。その力が論理力だ。

「声を聴く」だけでは対話とは言えない

三つ目の「対話力」は、これは言葉のとおり、『納得』のために「しっかり対話をする能力」のことをいう。話す、聴く(訊く)という行動がとられていなければ、コミュニケーションはできない。聴く(訊く)というときに、何を一番にとらえるべきか。それは、相手の心だ。言葉や声には、必ずその人の心が表れる。表面の言葉だけ、声だけを聴いても、本当に相手の言いたかったことを捉えているかどうかはあやしい。一方で、話すときにも自分の心を伝えなければ伝わったとはいえない。

ここでいう心とは、単なる「好き」「嫌い」という感情ではない。情熱、主体性といった意志のほうだ。その意志、意志による行動、行動による結果という、人がビジネスを動かすときの本質を理解し、「コミットメント」という一言で、日産復活の原動力にしたゴーン氏の話は有名だ。人もビジネスも、感情ではなく、意志があるところで動くものなのだ。『納得』のコミュニケーションをとるためには、相手の心を捉え、相手の心に訴える話をすることができるかが問われる。その力が対話力だ。

コミュニケーション力を上げるには、この三つの力を個別に鍛えるのではなく、二つの視点を意識してスキルアップを図るとわかりやすい。ここでいう二つの視点とは、

・自分&相手という視点

・三つのステージという視点

だ。これについては、次節以降で詳細に述べることにする。

自分の立場により三つの力の比重は変わる

今述べた三つの力（人間力・論理力・対話力）は、相手と自分との立場の違いによって力の比重は変わる。例えば、企業内の階層別に見れば、より企業のトップに近い立場の方は、最も比重が大きな力は人間力となる。ミドルなら論理力、現場に近い立場の方は対話力、という具合だ。職種によっても変わる。コーチは対話力、コンサルタントは論理力、カウンセラーは人間力にそれぞれ比重が置かれることが多い。また、母親は対話力に、父親は人間力に比重が置かれることが多い。もちろん、こうした例は一概にはいえないが、自分と相手との立場の違いによって、コミュニケーションの力に比重が生まれるのは確かだ。

求められる「人間力の大きさ」は、その人に対する責任の大きさで決まる。企業の責任を負っている、人の一生に係わる責任を負っているなどの大きな責任を負っている立場にあれば、徹底して人間力を鍛えないといけない。

また、求められる「論理力の大きさ」は、その人が負っている課題の大きさで決まる。課題が大きければ、それだけしっかりと事実を集め、全体を押さえながらも本質を見極めることが必要になる。個人を超えて企業レベルの課題、広く社会に係わる課題などを負っている人は、論理力を鍛えないと本来のコミュニケーションは取れない。

同じように、「対話力の大きさ」は、その人の意

志の強さで決まる。やる気はコミュニケーションの量で量ることができる。質ではない。何も発言せず、訊きもせず黙りこくっている人は、やる気がないのと同じ。対話がなければ、お互いに『納得』の場を生み出すことはまずできない。「何か突破口を開きたい！」「壁を乗り越えたい！」「もっともっと進化したい！」と願う気持ちが強いなら、徹底的に対話力を鍛え、対話の量を今の何倍にも増やすべきだ。

大きな責任を感じ、大きな課題を捉え、強い意志で相手とコミュニケーションをとろうとする人は、三つの力の輪が必然的に大きくなる。三つの力を融合させる、そして三つの力の輪を大きくする。それを目指して、コミュニケーション力を鍛えていただきたい！

02 「自分」と「相手」の両方の視点で捉える！

「自分軸」と「相手軸」を意識せよ

コミュニケーションに必要な三つの力の存在、そして三つの力とは何か？　については、ご理解いただけたと思う。ここでさらに、具体的なコミュニケーションのスキルアップに向けて話を進めていこう。

コミュニケーションは、あたりまえだが、自分と相手との間でやりとりするものだ。つまり、自分自身に対する視点と相手に対する視点の両方がかみ合っていないといけない。この自分自身に対する視点のことを、ここでは「自分軸」と呼ぶようにする。一方、相手に対する視点のことを、ここでは「相手軸」と呼ぶようにする。

・自分軸（自己を確立する）：自分の存在を意識し、自分が相手に何を働きかけるかを考える軸
・相手軸（相手の立場に立つ）：相手の存在を意識し、相手に対して具体的に働きかける軸

自分軸と相手軸、この両方を意識しながらコミュニケーションのスキルを高めていく必要がある。コミュニケーションが一方的になりがちな人、一人よがりで自己中心的なコミュニケーションを取る人は、自分軸しかない人だ。相手の存在は分かっていても、どう具体的に働きかけるかに意識が行っていない。これでは、相手のモチベーションを上げ、相手を動かすことはできない。一方で相手軸のみでコミュニケーションをとることも難しい。自分という存在や役割を考えずして相手に働きかけることはできない。

例えば、自分と同僚のAさんがある会話をしたとしよう。Aさんが「最近、仕事のことで悩んでいるんだけど……」と切り出したとする。Aさんは仕事のことで悩んでいる。その突破口を自分に相談して見つけたいと思っている。ここで自分はまず、相手軸に立つ必要がある。Aさんの話から、仕事での悩みとは——仕事の内容そのものの問題か？　時間的な制限や前提条件などの内容以外の問題か？　上司や部下、お客さんなどとの人間関係についての問題か？　Aさん自身のやる気の問題か？——など、相手の抱えている問題を考える、あるいは聴くことからはじめる。これが相手軸だ。

そこからAさんに質問したところ、どうやら上司との人間関係について悩んでいることがわかったとしよう。そこで自分としては、Aさんの上司にそれとなく話を持ちかけてみようとか、オフサイトでの飲み会を企画してみようとか、自分の立場、役割の中でどうAさんに働きかけることができるかを考える。これが自分軸。

そして、具体的にAさんへ自分なりにできることを提案してみる。提案内容がすべて受け入れられるかどうかはわからない。受け入れられない原因は何か？　をまた探ってみる。ここでまた相手軸に戻る。

このようにコミュニケーションは、相手軸からすべては始まる。そして、相手軸→自分軸→相手軸→……と、相手と自分の双方を意識して進めていくものなのだ。ここで大切なのは、「すべては相手軸から始める」こと。もちろん、自分から話を切り出したり、相談したりすることもある。その場合でも、まずは相手に問題意識を感じるとか、チームに貢献するために自分の悩みを早く解消すべきとか、相手軸での判断から話を持ちかけることが大切なのだ。

コミュニケーションの「緻密さ」は、eメールへの対応でわかる

相手軸をしっかり意識してコミュニケーションができている人を分析すると、次のような特徴が挙げられる。

・相手に非常に興味を持っている（ある意味、し

つこい）
・相手によってコミュニケーションに優先順位をつけない（時間や場所も選ばない）
・相手の立場や役割にも注意を向けている（ときには相手に厳しくなる）
・相手を心から信じている（もっと広く言うと、相手を包み込んでいる）

などだ。一方で、自分軸だけでコミュニケーションをとる人には、
・相手よりも自分のことが気になる
・自分が思っているのと違うことを指摘されたらカチンとくる
・苦よりも楽を選ぶ
・自分が楽になるために、相手を勝手に利用しようとする
・苦手なことはあとでやろうと思ってしまう
・すぐに相手に迎合してしまう
・なにかのせいにして自分を正当化する

といった傾向がある。こちらも挙げればきりがないくらいだ。

つまり大切なのは、相手軸を意識して、自分勝手な都合でコミュニケーションしないということだ。自分軸のみでコミュニケーションをとる人に共通した、顕著な傾向がある。それは、コミュニケーションに「緻密さ」が欠けるという点だ。緻密とは相手が求めている課題解決のポイントをはずさないこと。聞かれたことに答えられてない、相手の話を無視してしまう、余計なことまで事細かに答えてしまう、話をすり替えてしまう、前に話したことに戻ってしまうという、漏れあり、ダブりあり、ループあり！　のコミュニケーションを取っている人は要注意！　「緻密さ」は、相手軸に立ったコミュニケーションができているかどうかをはかる指標だと考えよう。

緻密なコミュニケーションができているかどうかは、eメールでのコミュニケーションに端的に現れる。相手を目の前にしていればそうでもないが、相手から離れるとふと緻密さが欠けてしまう傾向にある人が多いからだ。

では、ちょっとここで質問。あなたは普段、eメ

ールのチェックをどういう順序でやっているだろうか？　送受信ボタンを押して二〇件くらい一気にeメールが届いたことを想定して、次のいずれか答えてみていただきたい。大きくは二つのパターンのどちらかに分かれるはずだ。

①件名や差出人、サイズ（容量）を見て、自分なりに優先順位をつけてチェックする

②メールが届いた順にチェックする（早く届いた順にチェックする）

さぁ、あなたはどちら？

次に、相手軸を意識しているのはどちら？……答えは②。相手軸での緻密なコミュニケーションを取る力を鍛えるには②を徹底することだ。①も、しっかり相手の課題や状況を考えてやっているならばいいにはいいが、こういうタイプは概して対応やレスポンスが遅くなる傾向にある。かつ、優先順位といっても、こちらのつけた優先順位が相手の優先順位の高さと同じかどうかはわからない。そもそもeメールが届いた段階で、相手にとっての優先順位は誰もが高いわけだから、それを勝手に自分で決めるのはよくない。HRインスティテュートでは「早いもん順」と言っている。仕事もプライベートも、早いもん順こそが重要で崇高な判断基準なのである。

では、②を徹底するにはどうするか。スグに返答できるものは、もちろんその場で答える。返答に時間がかかるものは、時間がかかる理由を書いて、時間をくれと答える。ついでにいつまでに答えるかを書いておく。それでも答えられないものは、答えられない理由（不明な点など）を書いて、あらためてメールを出してもらうよう依頼する。このように、どんなeメールにも、とにかくスグに返答する。まるでテニスの「ボレー」のようなコミュニケーションだ。

最初は難しくて時間がかかったり、失敗したりするかもしれないが、慣れれば速くなる。失敗もなくなる。なにより、コミュニケーションに漏れがなくなる。実は②を徹底することで、仕事も速くなり、緻密になるのだ。意思決定も速くなる。仕事も、来た順に処理していく。仕事を後回しにしない。次の仕事のために今の仕事を残さない。次の進化のため

に、今の進化を目指す。これを、HRインスティテュートでは「ランドセル・サイクル」と呼んでいる。小学校のとき、翌日の準備を自宅に帰ったらスグにやるか、朝起きて直前にあわててやるか。ランドセルへの準備にちなんでそう名づけた（「ランドセル・サイクル」はHRインスティテュートホームページ http://www.hri-japan.co.jp に宣言コーナーがあります！）。

コミュニケーションは仕事を前に進めるための結節点。緻密な仕事ができる人間は、コミュニケーションが緻密だ。相手軸をしっかり意識した緻密なコミュニケーションを実践しよう！

必要なスキルとコンピテンシーはこれだけある

さぁ、それではここから、相手軸と自分軸の二つの軸で、コミュニケーションの三つの力を、さらに具体的な要素に整理してみよう。コミュニケーションの三つの力「人間力」「論理力」「対話力」をさらに分解すると、それぞれに必要なスキル（＝能力・技術）と、さらに分解したコンピテンシー（＝個人として優位性の高い能力・技術）にブレークダウンできる。

さらに自分軸、相手軸の二つでスキルとコンピテンシーを整理すると49ページの図2—2のようになる。人間力、論理力、対話力それぞれに必要な、自分軸や相手軸でみたスキルとコンピテンシーだ。それぞれのスキルやコンピテンシーをどう鍛えるか、どう磨くか、どう向上させるかについては、次章以降で述べることにする。ここでは、各コンピテンシーの定義を述べておくことにする。

①「人間力」に必要なスキル&コンピテンシー

・自分軸のスキル——自分パワーアップ力

◆使命感：目的に当事者意識でコミットする

◆本質探求力：「らしさ・自分WAY」を生む

◆ポジティブ思考：困難に向かう強さを生む

・相手軸のスキル——相手シナジー力

◆誠実な姿勢：優劣なく相手を尊重している

◆幽体離脱：共有できる意義を見つけ出す

◆モチベート：共有時間・場の価値を高める

②「論理力」に必要なスキル&コンピテンシー

・自分軸のスキル――ロジック力

◆フレームワーク思考：会話の次元をそろえて全体を掴む

◆仮説検証力：互いに共有できる本質を探る

◆プランニング力：行動を生む構造を作り出す

・相手軸のスキル――シナリオ力

◆心聴力：相手の抱えている課題に集中する

◆問答力：相手の中から共有できる本質を引き出す

◆創発力：相手と互いの価値を導き出す

③「対話力」に必要なスキル&コンピテンシー

・自分軸のスキル――伝える力

◆情報収集力：相手の関心を引きつける情報を集める

◆ビジョン共有力：相手とベクトルやゴールを共有する

◆提案力：相手の真の課題解決につながる提案をする

・相手軸のスキル――聴く・訊く力

◆わかりやすい表現力：聞き手の理解を促進する簡潔で具体的な表現

◆メッセージ力：相手に深い納得を促す発信力

◆パワースピーチ力：相手の行動までをも変える発言力

えーこんなにあるのー？　大変だー、と思うなかれ！　このすべてができている人はそんなにはいない。逆に、すべてに欠けている人もいない。大抵はどれかが高くて、どれかが低いという状態。「コミュニケーション力が全体に弱い！」と思っている人は、この中で何が一番自分には欠けているのか、を見つけて、徹底カイゼンすればいい。これらの要素はすべて相互に密接に関係している。それぞれの要素をさらっと流すのではなく、この中から、コミュニケーション力を高めるための、自分カイゼンの突破口を見つけることが大切なのだ。

2-2 コミュニケーション力を構成するスキル&コンピテンシー

	自分軸		相手軸	
3つのコミュニケーション力	スキル	コンピテンシー	スキル	コンピテンシー
人間力	自分パワーアップ力	1.使命感 2.本質探求力 3.ポジティブ思考	相手シナジー力	1.誠実な姿勢 2.幽体離脱 3.モチベート
論理力	ロジック力	1.フレームワーク思考 2.仮説検証力 3.プランニング力	シナリオ力	1.心聴力 2.問答力 3.創発力
対話力	伝える力	1.情報収集力 2.ビジョン共有力 3.提案力	聴く・訊く力	1.わかりやすい表現力 2.メッセージ力 3.パワースピーチ力

コミュニケーション力は、自分軸と相手軸の双方で
3つの力を発揮することが大切。常に自分軸と相手軸を
意識しながら、スキルとコンピテンシーを鍛えていこう！

03 コミュニケーション傾向からわかるあなたの課題とは？

「コミュニケーション力チェック」で自分の課題を見つけよう

では早速、ここであなたのコミュニケーション上の課題を見つけてみよう。

まずは52、53ページの図2―3にある「ビジネス・コミュニケーション力　チェックシート」をやってみよう。あなたの普段やっているビジネスでのコミュニケーションシーンを思い起こしながら、素直な気持ちで次の進め方に従って、三六問の問いに答えてみよう。

●ステップ1：それぞれの問いを読んで、「記号」欄に記号を書く。

できていると思ったら「○」。できていないと思ったら「×」。なんともいえないなら「△」。傾向を顕著に示すために、できるだけ「○」か「×」のいずれかで答えるようにする。

●ステップ2：記号に従って「点数」欄に点数を書く。「○＝2点」「△＝1点」「×＝0点」。

●ステップ3：タテ三列、ヨコ三段、それぞれ一二問ずつの合計を出す。合計欄は、A～Fの六つあるので注意すること。

それぞれ、

A＝問1～12の合計

B＝問13～24の合計

C＝問25～36の合計

D＝問1～4、13～16、25～28の合計

E＝問5～8、17～20、29～32の合計

F＝問9～12、21～24、33～36の合計

となる。

特にヨコの一二問は気をつけて！

このチェックシートをもっと客観的にやりたい方は、直属の上司や同僚、後輩にやってもらうといい。出てきた三六問それぞれの点数を平均化して、あとはステップ3と同じことをやってみるとより客観性が上がる。また、他人からの評価と、自己評価がどう違うのかを見るのもいい。案外自分の意識と大きく違っている点が見つかるはずだ。相手よりも自分の意識が高いところは、自分への勘違いをしているところでもあるので特に要注意だ。

次に、三六問の点数と、A～Fの合計点から、自分のコミュニケーション力の診断をしてみよう。三六問一つひとつを見るのは後に置いておいて、まず大きくA～Fの六つの要素での課題点を見つけてみよう。A～Fはそれぞれコミュニケーション力を構成する六つのスキルに当たる。それぞれ二四点満点のうち何点だったかを図2―3の一番右の表に書き込むことで、自分の三つのコミュニケーション力の度合いを見てみよう。

次に、A～Fの六つのスキルを一二点以上のものと一二点未満のものとに分ける。その結果から、55ページの図2―4の診断表で自分はどこに該当するかを見ていただきたい。三つの力それぞれに四つずつのタイプに分かれるが、いずれかに該当するはずだ。

ここから、自分のコミュニケーションの三つの力別に、自分にはどういう課題があるかが分かるはずだ。さらに、六つの要素の中で、一番低いところと一番高いところを見てみよう。そこから六つのスキル別に課題を見出そう。

Aさんの例を見てみよう。Aさんは、三六問のチェックシートに答えた結果、56ページの図2―4(2)のような結果が得られた。Aさんは三つの力別に見ると、論理力が大きく欠けていることがわかる。さらに、六つのスキル別に見ると、低いところは「自分パワーアップ力」と「シナリオ力」。高いところは「相手シナジー力」と「聴く・訊く力」だ。そこからAさんは自分自身の課題として、

日付：

所属：

名前：

設問 25〜36		記号	点数	計	
25	相手の本音を引き出すような質問をしている				D
26	相手の話は笑ったりして表情豊かに聞いている				
27	質問は整理して順序よく行なっている				
28	わからないことはすぐに質問している				
29	準備をしていなくてもアドリブで話ができる				E
30	自分の意見をはっきり伝えている				
31	声が大きくてよく通る				
32	相手の得になることを強調するような話し方をしている				
33	相手の意思決定のメカニズムを確認している				F
34	提案にはいつも説得力がある				
35	相手の問題意識を喚起するような話をしている				
36	相手の問題·課題を明確に指摘できる				
計				C	

	スキル	得点	12点以上	12点未満
A	ロジック力	点／24点		
B	相手シナジー力	点／24点		
C	自分パワーアップ力	点／24点		
D	聴く・訊く力	点／24点		
E	伝える力	点／24点		
F	シナリオ力	点／24点		

2-3 コミュニケーション力チェックシート

●ビジネス・コミュニケーション力　チェックシート

下記の36の設問を読み、ご自分のビジネスでのコミュニケーション・シーンを思い起こしながら率直に答えてください。

記号		点数
○	できていると思う	2点
△	なんともいえない	1点
×	できていないと思う	0点

	設問 1～12	記号	点数		設問 13～24	記号	点数
1	問題の原因を追求するような質問をしている			13	相手の話は途中で腰を折らず最後までよく聞いている		
2	相手の話は時々要点をまとめて確認しながら聞いている			14	言葉だけでなく相手の気持ちにも注意を向けて質問している		
3	質問は相手の課題を考えてしている			15	タイミングよく相手をほめることができる		
4	本質を見極めようとして質問をしている			16	あいづちを打ちながら相手の話を聞いている		
5	数字や客観的データを用いて話している			17	相手の態度・表情・反応をよく見ながら話している		
6	相手が知りたいことに的を絞って話している			18	相手の理解度を確かめながら話を進めている		
7	体系的にものを考え話している			19	自分の思いを伝えるように話している		
8	話す目的を相手にはっきりさせてから話している			20	相手がポジティブになるような話し方をしている		
9	相手の話から課題は何かを考えている			21	相手の欲しい情報は何かを常に考え提供している		
10	相手の課題をモレなく整理している			22	相手の問題を一緒に解決するパートナーとなっている		
11	提案は1つのストーリーとなるように組み立てている			23	会話のシナリオをもって話に臨んでいる		
12	仮説をもって情報収集を行なっている			24	提案は相手の言葉を使うことにしている		
	計		A		計		B

・コミュニケーションの三つの力から――相手の立場に立って本質を整理すること

・六つのスキルから――主体性をしっかり持って、説得力のあるシナリオを持つこと

ということを導き出した。ここからさらに具体的な課題に落とし込むともっといい。そのためには、三六問の中から×が付いた箇所を抜き出して、具体的なコミュニケーションの改善ポイントを整理することだ。

この診断結果を基に、あなた自身が取り組むべき課題を書き出してみよう。そして、次章以降で述べられているノウハウ・ドゥハウを読んで、自分カイゼンに取り組んでいただきたい！

2-4 コミュニケーションスキル診断表-1

人間力	頼りがいあり！タイプ	オレオレ！タイプ	優しい〜タイプ	冷たい…タイプ
B.相手シナジー力	12点以上	12点未満	12点以上	12点未満
C.自分パワーアップ力	12点以上	12点以上	12点未満	12点未満
信頼関係が築けている度	◎OK！あなたは聞き手のパートナー！	○まずまず。相手の課題に集中して！	△まずいぞ！もっと自分の責任を明確に！	✕やばいぞ！まずは、相手の気持ちを捉えて！

論理力	本質を捉える！タイプ	自分論理タイプ	客観性低い〜タイプ	よくわかってない…タイプ
A.ロジック力	12点以上	12点以上	12点未満	12点未満
F.シナリオ力	12点以上	12点未満	12点以上	12点未満
本質の整理ができている度	◎OK！あなたは聞き手のパートナー！	○まずまず。もっと相手をよく知って！	△まずいぞ！話の構造、全体像を意識して！	✕やばいぞ！まずは、相手との課題の共有から！

対話力	話せる！タイプ	聞き上手〜タイプ	一方通行！タイプ	ムゴン…タイプ
D.聴く・訊く力	12点以上	12点以上	12点未満	12点未満
E.伝える力	12点以上	12点未満	12点以上	12点未満
しっかり対話ができている度	◎OK！あなたは聞き手のパートナー！	○まずまず。自分の役割、責任を相手にぶつけて！	△まずいぞ！相手の課題をしっかり捉えて！	✕やばいぞ！対話を自分から仕掛けて！

2 4 コミュニケーションスキル診断表-2

Aさんは自分パワーアップ力とシナリオ力が特に低い！
もっと主体性をもって説得力のあるシナリオを持つこと！

＜Aさんの診断結果例＞

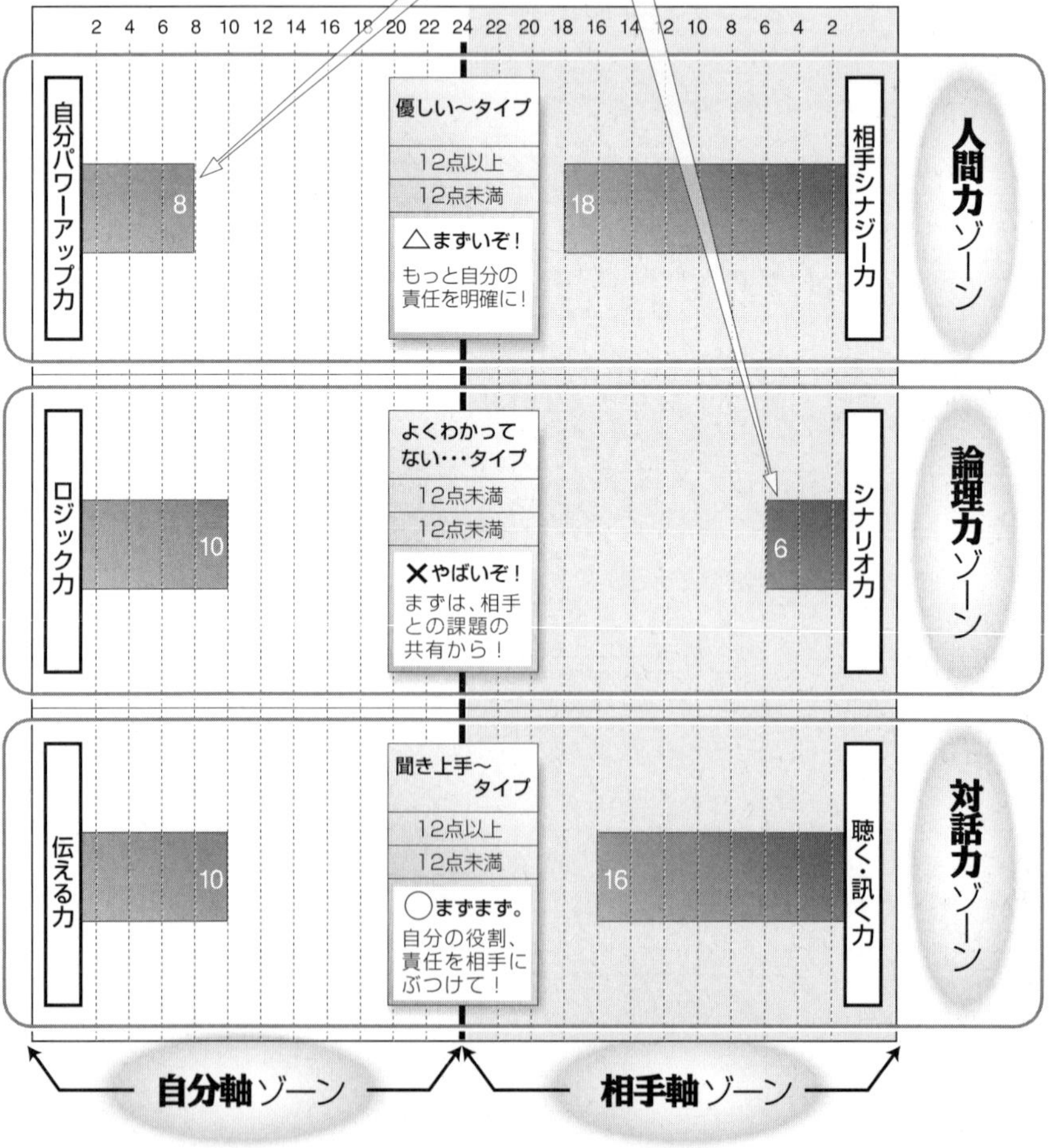

特に低いところを意識して、
6つのスキルアップをめざそう！

04

さあ自分進化へ！ 三つのステージでコミュニケーション力を高める

三つのステージでコミュニケーション力を高める

自分の課題が明確になったらいよいよ自分進化の実践だ。しかし、六つのスキルをばらばらに捉えたのではなかなかコミュニケーションは上達しない。課題をクリアしていくためには、コミュニケーションを次の三つのステージで押さえておくことが必要だ。

・ステージ1（信頼の段階）：相手から信頼される
・ステージ2（理解の段階）：相互に理解し合う
・ステージ3（行動の段階）：次なる行動を生み出す

なぜこの三つのステージで押さえておく必要があるのか？ それは、1章でも定義したように、コミュニケーションとは、『相互理解を基本にした「納得のためのプロセス」』だからだ。そう、コミュニケーションとは「プロセス」が重要。つまり、実践的にコミュニケーションを鍛えるためには、コミュニケーション力を構成する要素を、実際のプロセスに対応させる形で鍛えたほうが効果的なのだ。このプロセスこそ、先に挙げた三つのステージなのだ。

常に自分と相手、そして三つのステージを意識しよう！

三つのステージ別に前の項でお話しした六つのスキルを整理すると、それぞれ三つのステージごとに重要度が違うことが分かる。各ステージでより重要といえるスキルを整理してみよう。

・ステージ1（信頼の段階）：「自分パワーアップ力」と「相手シナジー力」がより重要
↓いかに自己を確立し、相手の立場に立てるか？
・ステージ2（理解の段階）：「ロジック力」と「聴く・訊く力」がより重要
↓いかに相手の課題を整理し、共有するか？
・ステージ3（行動の段階）：「シナリオ力」と「伝える力」がより重要
↓いかに伝えたい内容に一貫性を持たせて相手を動かすか？

このように、ステージごとにより重要というスキルがある。実は、こうしてスキルを整理すると、各ステージで自分軸でのスキルと相手軸でのスキルそれぞれが対応していることがわかる。そう、納得のためのプロセスは、自分軸と相手軸を相互に意識しながら、三つのステージを進めていくことなのだ。

さらに、六つのスキルに必要なコンピテンシーは、各ステージで次ページの図2―5のように整理することができる。これが、ビジネス・コミュニケーションの全体像だ。まるでカンジンスキー（点と線で描いた絵で有名な、モスクワ生まれの近代抽象派の画家：一八六六年―一九四四年）の絵のようなことから、HRインスティテュートでは『コミュニケーション・カンジンスキー』と呼んでいる。六つのスキルをそれぞれ三つのステージで高めていくことで、このコンピテンシーが身についてくるのだ。

次章以降では、各六つのスキルをいかにアップさせるかの具体論を、この『コミュニケーション・カンジンスキー』のタテの流れで述べていく。

さぁ、あなたのコミュニケーション課題はもう分かったはずだ。コミュニケーション力、つまり、納得のためのプロセスを身につけるために、しっかりと相手軸、自分軸を意識してどんどんビジネスを次の未来へ動かしていこう。チームを支え、組織を動かし、社会を豊かにしよう！　あなたはそのリーダーだ。その核となるコミュニケーション力を、どんどん進化させて未来を創り出していただきたい！

2 5 コミュニケーション力の構造体系（愛称：コミュニケーション・カンジンスキー）

6スキル

3つのコミュニケーション力	スキル1	スキル2	スキル3	スキル4	スキル5	スキル6
人間力	スキル 1：自分パワーアップ力	スキル 2：相手シナジー力				
論理力			スキル 3：ロジック力		スキル 5：シナリオ力	
対話力				スキル 4：聴く・訊く力		スキル 6：伝える力

18コンピテンシー

ステージ						
ステージ1 第3章 相手から信頼される	◆使命感	◆誠実な姿勢	◆フレームワーク思考	◆心聴力	◆情報収集力	◆わかりやすい表現力
ステージ2 第4章 相互に理解し合う	◆本質探求力	◆幽体離脱	◆仮説検証力	◆問答力	◆ビジョン共有力	◆メッセージ力
ステージ3 第5章 次なる行動を生み出す	◆ポジティブ思考	◆モチベート	◆プランニング力	◆創発力	◆提案力	◆パワースピーチ力

自己を確立する	自分軸		自分軸			自分軸
相手の立場に立つ		相手軸		相手軸	相手軸	

これぞコミュニケーション力の全体像！
6つのスキル×3つのステージで
コミュニケーション力を高めよう！

第3章

「自分パワーアップ力＆相手シナジー力」を鍛えて、相手から信頼される

communication

「高さ・深さ・明るさ」のどれかでまず抜きんでよう！

ちょっと得体の知れない「人間力」とは

2章で三つのコミュニケーション力、三つのステージ、六つのスキル、一八のコンピテンシーの関係を整理したが、コミュニケーションのはじまりは「まず、相手から信頼される」こと。ここでいきなり「信頼されるようにがんばろう」といわれても「Ｈｏｗ?」。そこで3章では、三大コミュニケーション力の一つ、「人間力」について明確にしていく。「人間力」は、どうも曖昧に捉えられがちだ。しかし、これがコミュニケーションの胆である。

2章でも説明したが、人間力とはその人が持つ周りへの影響の強さのこと。これだけではわかりにくいから、あえて、大きくスキルとして二つに分けてみる。①自分パワーアップ力と②相手シナジー力だ（図3―1〝人間力〟の構成図）。

さて、次のような人に対して、あなたはどういう印象を持つか考えてみよう。

・目的に対して「私はこう考える」と当事者意識でコミットし、逃げない
・優劣意識なく、役職や背景に関係なく目の前のあなたを尊重している

自分も心を開いてみようかな、と思わせるのではないだろうか。そして、

・何ごとについても考え抜いているので、その人らしい独自性をもっている
・自分に囚われず、あなたと共有できる意義を見つけ出そうとしている

もっと意見を聴きたいし、あなたも意見を伝えた

3-1 相手から信頼される（人間力1＆2）の構成図

「相手から信頼される」ためには、

「高さ」×「深さ」×「明るさ」×「広さ（拡がり）」

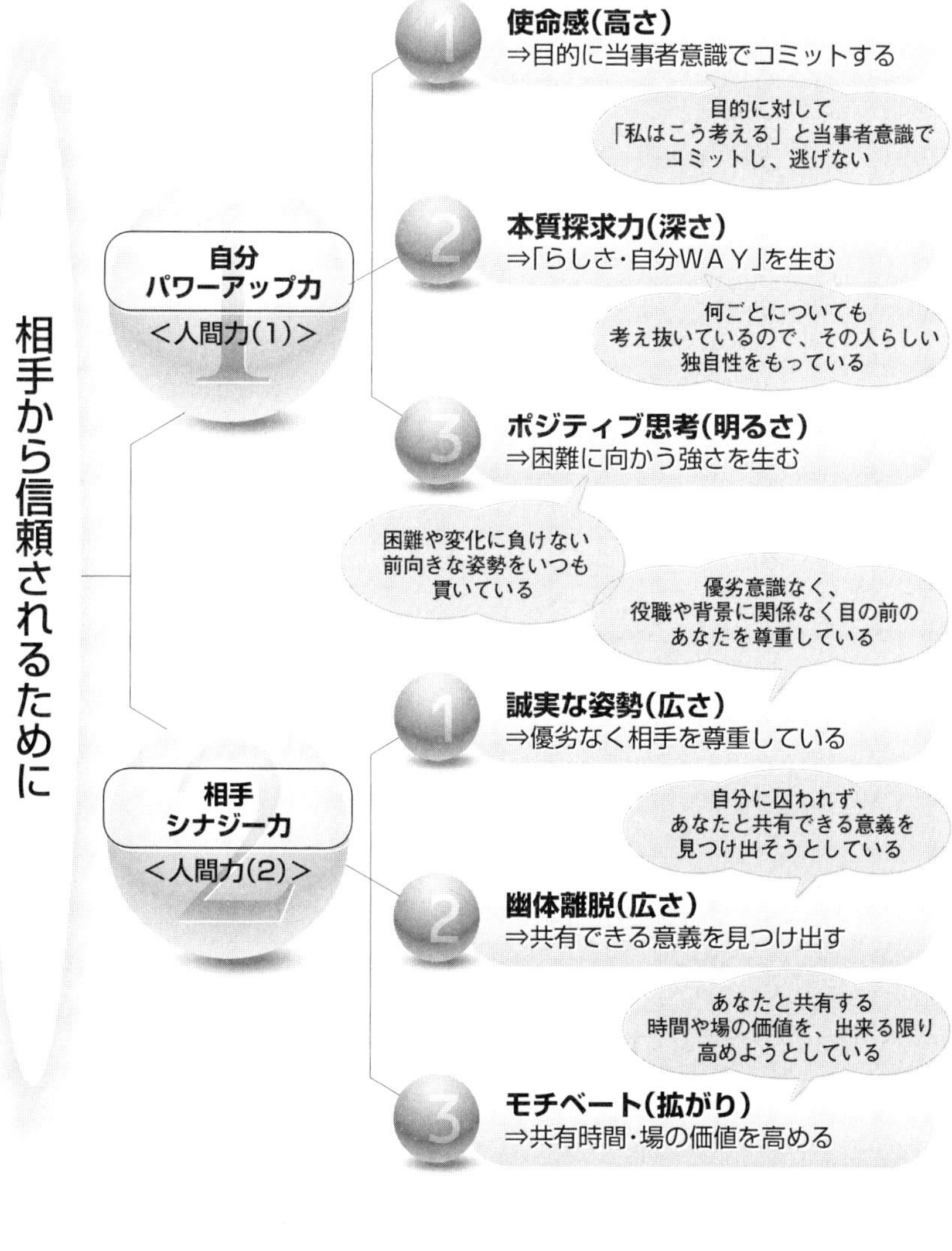
相手から信頼されるために
自分
パワーアップ力
＜人間力（1）＞
1 使命感（高さ）
⇒目的に当事者意識でコミットする
目的に対して
「私はこう考える」と当事者意識で
コミットし、逃げない
2 本質探求力（深さ）
⇒「らしさ・自分ＷＡＹ」を生む
何ごとについても
考え抜いているので、その人らしい
独自性をもっている
3 ポジティブ思考（明るさ）
⇒困難に向かう強さを生む
困難や変化に負けない
前向きな姿勢をいつも
貫いている
優劣意識なく、
役職や背景に関係なく目の前の
あなたを尊重している
相手
シナジー力
＜人間力（2）＞
1 誠実な姿勢（広さ）
⇒優劣なく相手を尊重している
自分に囚われず、
あなたと共有できる意義を
見つけ出そうとしている
2 幽体離脱（広さ）
⇒共有できる意義を見つけ出す
あなたと共有する
時間や場の価値を、出来る限り
高めようとしている
3 モチベート（拡がり）
⇒共有時間・場の価値を高める

い、と思うのでは。そして、

・困難や変化に負けない前向きな姿勢をいつも貫いている

・あなたと共有する時間や場の価値を、できる限り高めようとしている

この人となら、一緒になにかやっていくことができるかも、と感じさせるのではないか。

実は、これら六つの行動は、これからみなさんと学んでいく「人間力」を感じさせる重要なコンピテンシーなのだ。はじめの二つは、「使命感」と「誠実な姿勢」。次の二つは、「本質探求力」と「幽体離脱」。最後の二つは、「ポジティブ思考」と「モチベート」。自分パワーアップ力の「使命感」「本質探求力」「ポジティブ思考」と、相手シナジー力の「誠実な姿勢」「幽体離脱」「モチベート」。「人間力」の二大スキル、六つのコンピテンシーだ。

つまり、あなたもこの六つを意識して自分の行動に落とし込むことができるようになれば、ビジネス・コミュニケーションで、「人間力」を感じさせる一人になれる。特に、「使命感」と「誠実な姿勢」は、まず相手にオープンになっていただくための重要なコンピテンシー。さて、一つ一つ、見ていくことにしよう。

①使命感：目的に当事者としてコミットしているか？

自分パワーアップ力でまず出てくるのが、この「使命感」。しかしそれを語る前に「自分パワーアップ力」を覚えやすく因数分解してみる。そもそも信頼できる人は、人間としての「(視点の)高さ」と「(思考の)深さ」と「(行動の)明るさ」をもっている。そこで、「自分パワーアップ力」＝「高さ」×「深さ」×「明るさ」。こう考えると、「使命感」は人間としての視点の「高さ」を極めるためのコンピテンシーといえそうだ。

「使命感」。俺がやらねば誰がやる！　目的に対して命がけでコミットしている姿勢を相手に感じさせる。未来のあるべき「高さ」へ引き上げる。例を挙げれば、もちろんカルロス・ゴーン氏。他にも企業再生請負人たち。福助の藤巻幸夫氏、光通信の余語

邦彦氏（その後、カネボウ化粧品再生へ）。巨悪と戦った当時の中坊公平氏。福祉財団を立ち上げた元ヤマト運輸の小倉昌男氏。Made in Japanへの嘲笑を払拭したソニー・井深大氏。「自分の心の中の法律」に従って、「正しいこと」を貫き通した湾岸警察署の青島刑事よ、永遠に！

共通するのは、ひるまない・動じない・迷わない。己の生き様への自信。

「こいつは、絶対に逃げない！」と感じさせたとき、相手からの信頼を得ることができる。自分の言葉に責任を持つこと。「逃げ」の姿勢は見破られる。どうせやるなら、「本気の使命感」でぶつからないと、時間のムダ。

これからの時代は、本音コミュニケーション。表面上だけでなく、心底、人から信頼されなければ、ビジネスはうまくいかない！　だったら、自分の仕事に本気でコミット。使命感丸出しでガンガンいっちゃうモン勝ち。自分はそこまでの情熱をもてるとは思えない、と思う人は、実は損をしている。死ぬまで使命と思え！　とは言ってない。その一瞬の思いが一生続くかどうかは、誰にもわからない。でも、今の大切な一瞬……瞬間瞬間の凝縮した使命感が大切なのだ。

では、ＨＯＷ?……ご安心。それぞれのコンピテンシーを高めるためのノウハウ・ドゥハウは、あとにまとめてあるので、ぜひ参考にしてほしい。

②本質探求力：考え抜いて「自分ＷＡＹ」を創りだせ！

信頼される人の持っている自分パワーアップ力の二つ目の特性は、「本質探究力」。

1章の「負けない戦略」企業のコミュニケーションには、「なぜ?　どうして?」のクセがある。松下、花王、サントリー、ホンダ、トヨタ、Ｐ＆Ｇ、楽天……。一流の人には、「なんでや?」「おかしいやろ」と常識・前例を疑うクセがある。幸之助さん、大前さん、花王の常盤さん、イチロー……。モノゴトをとことん「深く」考え抜く。これが、身体と脳みそに沁みこんでいる。つまり、自分パワーアップ力の二つ目「深さ」を極めようとしているのだ。

トヨタウェイの一つはKAIZENだ。どんなことも、ゼロベースで考え直してみる。誰がなんと言おうと自分で納得のいく自分の考えを組み立ててみる。あきらめない。考え抜く。日常のどんな小さなことでも、「もっと！」「なぜ？」と自分なりの意見を持つ。このKAIZEN魂がごくフツウに存在する。トヨタらしい話なのだが、米国の生産現場でトラブルが発生した際、不在の上司に代わって無事に危機を切り抜けた部下が上司に「バカモン！　なんで、前回のトラブル対応を踏襲した！　アタマ使って、それ以上の策を考えろ！」と叱責されたそうだ。こんな会社あるか？　しかし、これがトヨタだ。

自分自身のことばを見つけよう。自分の中で熟した引っかかりのある言葉。納得し体験し心動かされた言葉。そういう「深さ」のある言葉には、言霊《ことだま》が宿る。「自分の意見は何だ？」「自分はどう思うのか？」「なぜそう思うのか？」そして、一番大事な質問は、「それは受け売りじゃないのか？」「考え抜いているか？」。自問自答するから、独創性が生まれる。本質探求力で「自分WAY」が創られる。「自分らしさ」レベルはスタイルだが、「自分ならでは！」であれば、自分WAYだ。自分スタイルよりもっと深く、熟している。

組織だけでなく、新境地を切り開いた個人の仕事も、スタイルを超えて自分WAYだ。安藤忠雄、宮崎駿、村上隆、アラーキー、松本人志……、みんな自分WAY。身近なところにも、考えて考えて、自分なりのやり方を貫いている人が見つかるはず。お金も時間もかからない。考え抜いて生きていれば、必ず「自分ならでは！」が創られる。

信頼されるには、「やっぱり、この人は考えてる！」と思われる本質探求力の姿勢が大切だ。三年後の自分WAY目指して、あとで出てくるトレーニングをゲーム感覚でやってみよう！

「え、やらない？」「なんでや！　理由を３つ言うてみ！」（こういうトレーニングです）

③ポジティブ思考：困難や変化に負けない前向き魂を育め！

あなた、凹みやすいですか？　困難や変化に対して、常に前向きですか？　それとも……。自分パワーアップ力の三つ目は、「明るさを極める！」だ。ポジティブ思考は、困難への強さ&未来への明るさを生むエネルギーだ。納得・信頼のためには「不安」は禁物。決して決して決してあきらめない前向きな姿勢を持ち続ける。

凹みやすい人は、視野が狭い。「自分は……」と思いっきり内へ向かう。外外外！　オープンオープンオープン！　すぐに切り替える集中力を鍛える。『ショーシャンクの空に』（映画）を観なさい！『グッドラック』（書籍）を読みなさい。被災地や入院病棟へ行きなさい！　小さなことでいいから、気分と環境を変えなさい。信頼されるためには、自分や相手の可能性や、未来に対しての「なんとかなるさ」というあっけらかんとした姿勢が必要。なんでも、自分にとって意味のあるプラスなことに解釈すればいい。

イヤなことでも良い方向に解釈する。そのためには切替力。不安や緊張でイヤな予感がするときは、腹式呼吸でセラトニンを脳内に放出し、落ち着かせる。そしてウキウキするような成功のビジョンを映画の一シーンのように思い描く。すると、脳内にドーパミンが放出される。こうして気持ちイーイ状態を自分で創りあげるのだ。失敗しても切替力！　終わったんだから、もう過去のこと。今からどう切り替えるのか、しか自分にはない。当たり前なのだが、切替力のない人は、失敗をいつまでも引きずる。記憶にこびりつく。そして、ネガティブサイクルにはまる。

イヤな予感へは、先手必勝。イヤな気持ちを残したままに絶対にしない。自分の心の中の、イヤな気持ちをすべて洗い出して、先手で取り組む。「来週のプレゼン、いやだなー」のままにしない。②の「本質探求力」で「何でイヤなのか」を因数分解する。「内容がよくわかってない」だったら、何を調べればいい？　誰に聞く？　「実は、人前で話すのが大の苦手」だったら、うまい人にコツを聞いた？　リハーサルの準備は？

やれることに集中して切り替える！　やらないで、ウダウダとイヤな気持ちを引きずり続けても時間のムダ！　いまやることは、切り替えること！　やるべきことに集中するのみ。やればなんとかなる。そう「なんとかなる」ためにやれることに行動を切り替えるのだ。これを半年やっていると、「ポジティブ思考」になってしまう。これは、自ら実証済み。

さて、ここからは「自分パワーアップ力」三つのコンピテンシーを鍛えるノウハウ・ドゥハウを実践編として具体的に紹介しよう。

02 「自分パワーアップ力」を鍛えるノウハウ・ドゥハウ

さて2章のテストで、「自分パワーアップ力」が一二点未満のあなた。これまで見てきた三つのコンピテンシーの中で、特に強化すべき最低得点はどれだ？ 71ページの図3―2でチェックしてみよう。

図にはサンプルが入れてあるが、ここに先ほどの「コミュニケーション力チェックシート」（図2―3、52、53ページ）で出した自分の結果を入れて、計算してみよう。それぞれの強化ドゥハウをどうぞ参考に！

①使命感が弱い！ 目的に当事者意識でコミットできない人向け

「高さ」を極める！ そのために次のトレーニングが有効！ 小さなことからやってみよう。

●トレーニング1：感動サイクル

「感動する」と評判の本や映画やドキュメント番組を片っ端から見る！ そして、短くていいから感想文を書く。その感想を、一人でも二人でも誰かに伝える。本当は、「感動共有ワーキンググループ」を自主的に発足して、一五分間でいいから、毎回だれか一人が自分の「感動」ネタをメンバーに伝える。昼休みでも、電車の移動時間でもいい。大切なのは、「感動」を書くことと、人に伝えること！

●トレーニング2：ミッションカード

自分が、仕事以外でもいいから使命感をもって取り組めることをポストイットカードに書き出してみる。そこから、自分の「使命感」への共通項を探る。今の仕事とそれを結びつけて考えてみる。

このやり方は、結婚生活や子育てやコミュニティ活動など、対象は何であれ有効。自分が選んだ人生なんだから、今自分が持っているものに対して責任を持つしかない。持つしかないんだから宣言する。そして、その意義を使命として認識する。ここまでできれば、生き方に安定感が漂うようになる。自分のこれまでの選択に自信がない、つまり自分の人生に責任のない人は、信頼されない。当然、相手との良いコミュニケーションは築けない。自分を信頼できない人は、他人を信頼できない。これでは、人から信頼されない。この「不信」のサイクルを絶つには、まず自分、自分の選択を信じて責任を持つことだ。

このレベルをクリアできているあなたには、次のことをお奨めする。

・身体のエネルギーを動かすヨガ。早寝早起き。天空や自然とつながる瞑想
・どんなつまらないこともゲームのように高い意義をつくりあげ、スローガン化
・困難・障害はなにもない、と仮定したら、人生で何をしたいか？　それはなぜか？　の思考化

そして、それらを読み上げる。できるだけ自分の言葉を自分で耳や眼からインプットすることがコツだ。考えっぱなし、書きっぱなしにしないこと。

②本質探求力が弱い！　受け売り総論型の発言になりやすい人向け

まだまだ発言が軽い人。自分なりの「深さ」を極めてもらいたい！

私のアメリカでの経験を紹介しよう。英語スピーチの練習のとき、先生がどんどん思いつきでお題を投げてくる。「空」「日本」「TV」「病院」「車」……、何でもいきなりテーマを与えられて一分間スピーチ。六人でグルグルまわしていく。大変だけど、意外な発見があっておもしろかった。その発見とは、自分の志向性だ。いわく、「空」であれば、「今私が空を見ているように、ウガンダで空を見ている子供たちがいる。彼らの周りは……」。「日本」→「日本を世界地図で見ると……」。「TV」→「CNNのようなメディアの登場によって、世界はあっという間

3-2 コンピテンシー設問分析（自分パワーアップ力）

①自分パワーアップ力

サンプル

1 **使命感** ⇒目的に当事者意識でコミットする
2 **本質探求力** ⇒「らしさ・自分WAY」を生む
3 **ポジティブ思考** ⇒困難に向かう強さを生む

分類	設問	○△×	1	2	3
2	**25** 相手の本音を引き出すような質問をしている	○		2	
3	**26** 相手の話は笑ったりして表情豊かに聞いている	○			2
1	**27** 質問は整理して順序よく行なっている	×	0		
3	**28** わからないことはすぐに質問している	△			1
2	**29** 準備をしていなくてもアドリブで話ができる	○		2	
3	**30** 自分の意見をはっきり伝えている	○			2
3	**31** 声が大きくてよく通る	○			2
1	**32** 相手の得になることを強調するような話し方をしている	○	2		
1	**33** 相手の意思決定のメカニズムを確認している	○	2		
1	**34** 提案にはいつも説得力がある	△	1		
2	**35** 相手の問題意識を喚起するような話をしている	○		2	
2	**36** 相手の問題・課題を明確に指摘できる	×		0	
		合計点	5	6	7

○△× ／ 2・1・0点

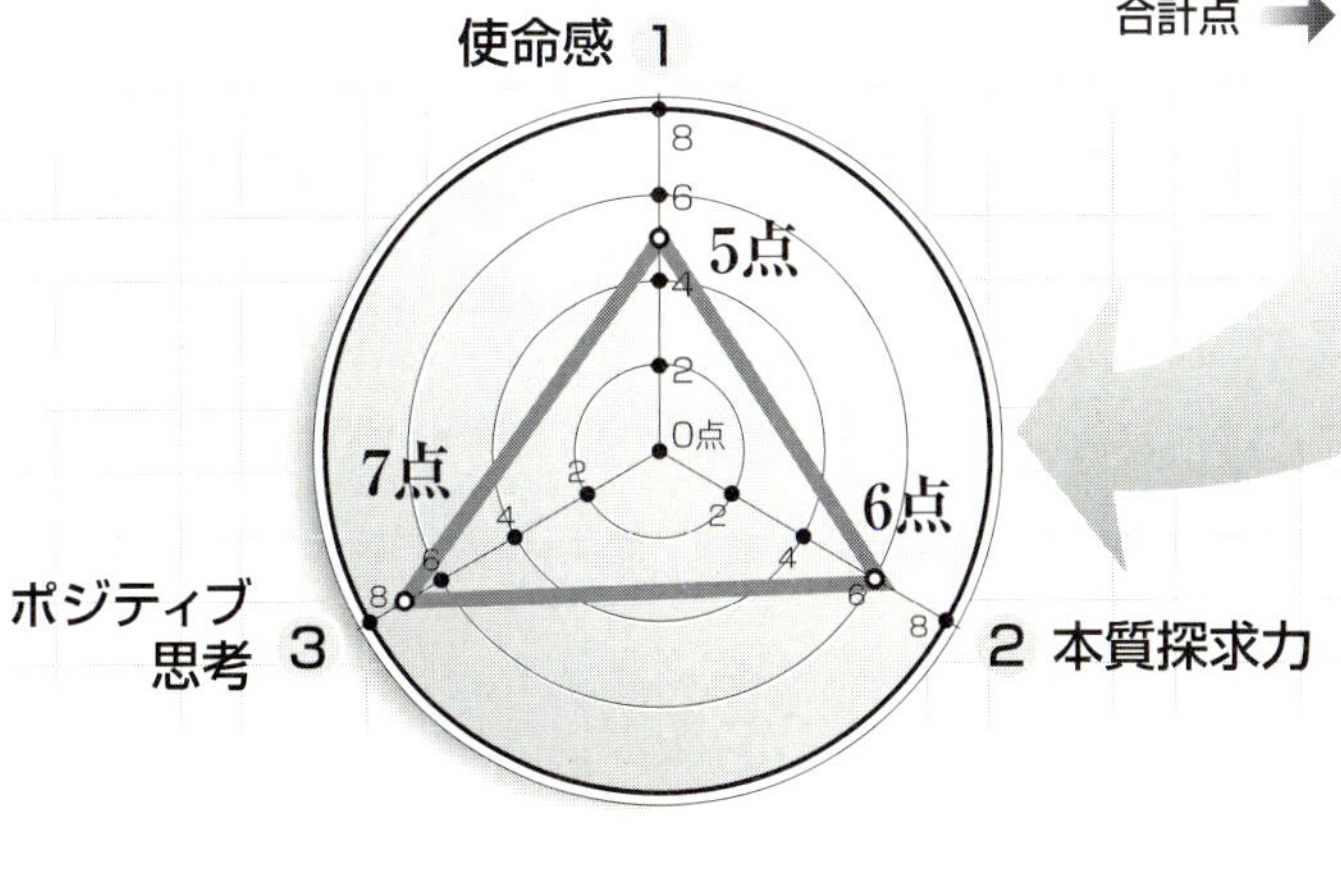

に……」。なんでもかんでも地球的規模にもっていきたがる。先生も「なんでもかんでも、そっちからくるね！」と大笑いしていた。自分も視点の偏りにあきれたが、自然とアドリブで頭に浮かぶのが共通のメッセージだったのだ。これはいまでも「自分ならでは！」の視点となるよう大事にしている。

●トレーニング3：アドリブスピーチ

お題「○○○」で、何を語るか。瞬間に自分のテーマに対する主旨を決め、言葉を発してしまう。話しながら考えて話す。

●トレーニング4：ジモンジトウスピーチ

「○○○を好きか、嫌いか（賛成反対）」自問自答する。そして、その理由を言葉にする。これで、自分の持っている価値観・意志・志向性を徹底確認する。

●トレーニング5：カケコトバメッセージ

俳句、川柳、掛けことば、大喜利、など、言葉の組み合わせの妙で遊ぶ。この場合、下手でけっこう。質より量。質よりスピード。

●トレーニング6：自分課題ノルマ

小さな課題を自分に与えていく。「必ず挨拶」「一日に三人ほめる」「日経新聞を毎朝読む」「コーヒー一杯分を我慢して寄付する」……。そして、自分の進化・継続を確認するため、手帳かノートにメモし

こうしたトレーニングをゲームのように実践することで、自分の語彙力を豊かにする。「自分ならでは！」の言い回しや志向性やポリシーを磨く。三人以上でやるとより効果的。

③ポジティブ思考が弱い！　不安・心配で可能性をつぶしがちな人向け

「明るさ」を極める！　まず、不安・心配の原因は、本質探求力で解消。これを前提としたアドバイスだ。それから、軽いノイローゼや鬱《うつ》の波は、誰でも大なり小なりあると考えて乗り越えよう。囚われないこと。その上で、自分のポジティブ思考を高めるには、

て記録する。

●トレーニング7：失敗シミュレーション

これまでの失敗シーンの成功イメージトレーニング。どうしたらよかったのか、を徹底的に頭の中でシミュレーションする。まるで自分が実行したかのように可視化する。そして一人芝居する。次回のチャンスには、必ずそれを実行トライする。

●トレーニング8：迷いの館

迷ったときには「どっちを選んだほうが自分をもっと好きになるか。もっと頼りに思えるか」を基準に選択する。自分を頼りにできればできるほど、ポジティブ思考は自然と高まっていくのだ。

上級者には、「あえて最も困難な道を選ぶ」をお奨めする。要は、何も怖くなくなるわけです、はい。恐れる必要がなくなるように自分をもっていくということ。これぞ、人生のリスクに対する先手マネジメントの真骨頂。ないものを怖れて心配しても時間のムダ。心配している時間があったら、とにかく動いて先手を打て！　ということだ。

さて、こうした日常のドゥハウで自分の「高さ」「深さ」「明るさ」のどれか一つでいいから、印象に残るようになれば、自分パワーアップ力が輝きだす。しかしそれだけでは、「人間力」が完成したとはいえない。自分で「高・深・明」力を磨くだけでは、自己満足に陥る危険性あり。そこで今度は、自分の相手・周りへの「広さ（拡がり）」を意識することが重要になってくる。「人間力」の二つ目のスキル要素、「②相手シナジー力」をみていこう。

03 相互のシナジー力で、信頼関係が未来へ広がる

①誠実な姿勢：優劣意識なく、相手を尊重しているか？

信頼を得るためには、自分パワーアップ力だけではダメ！　印象に残る自分になったら、今度は「自分」から「相互」への拡がり。そのためには、自分と相手の持っている最高を引きだしあい、そして価値を高めていく相手シナジー力、「広さ」への挑戦だ。

相手に誠実さを伝えるということが、いかに難しいことか。個人的に最も影響のあったセミナーに、パストラルケアのボランティア資格取得のための研修があった。

都内のある病院で、入院している末期患者さんたちのベッドを実際に訪問し、ただお話をお聴きする、というボランティアだ。死と向き合っている初対面の患者さんから信頼していただくこと。これがいかに難しいか、思い知らされた。この経験から、それまでの人生でのコミュニケーションがいかに真剣勝負じゃなかったか、がわかった。それくらい、まったく異質のコミュニケーション・レベルが求められる凝縮された時間だった。

人生への欲望はすでにないが、達観しているわけでもない。私の存在を求めていない。そんな人の前で、誠実なコミュニケーションをする、ということは本当に厳しかった。

「わかります」なんて、簡単にいえない。哀れみなんて、まさか。ついつい「お話をお聞かせいただけますか」のような卑屈な姿勢があらわれてしまう。「なるほどぉ」「あ、そうなんですかぁ」。自分の一

言一言が、自分の中でわざとらしく響く。患者さんやご家族からの拒絶や無視や感情爆発もたびたび。「あんたはいいね。ボランティア終われば、どこでも行けて（向きを変えて黙り込む）」……あなたなら、どう返事する？　どんな顔でいる？

何かができるし、役に立てる、と思っていた自分が、患者さんの言動に振り回され、機嫌をとっていた。こうした経験から学べたことは、互いの言動へのフツウではない集中力と、多様性を受け容れる姿勢だ。

ビジネスでは1対nが多い。どんな人の発言であれ、自分に向けられている言葉に、真剣勝負で臨む。あのセミナー受講前と後では、相手を尊重する、という意味が、まったく違うレベルになった。相手を人としてではなく、「生きるもの、命あるもの」として尊重するようになった。そして、自分のこともあるがままで受け容れるようになった。自分の無力さを知ることから、誠実な姿勢が生まれた。

先ほどの患者さんの質問だが、「そんなことない。また元気になりますよ」も「そうですよね」も「なに言ってんですか」も自分でしっくり来なかった。「○○さん、どこ行きたいですか？」これが正直な気持ちだった。○○さんのことをもっと知りたい！　自分のことより相手。それをそのまま伝えることが、誠実な姿勢に思えた。たとえ、拒絶されても怒鳴られても、相手のことを本当に知りたい、という姿勢が、信頼されるためにどれほど重要か。これはビジネスシーンでも、役に立っている。

②幽体離脱：自分に囚われず、共有できる意義を見つけ出せ！

信頼されるために相手を知ろうとするが、相手に流されてはいけない。そこで必要なのが、幽体離脱。自分中心の囚われも、相手中心の囚われも、どちらも危険だ。意識するべきことは、お互いの共有の目的。お互いの重なり合う部分。

ビジネスの日常でよくある「言った、言わない！」。情けない話だが、経験あるだろう。これはコミュニケーション下手の典型！　言ったつもりになっていたり、解釈が微妙にずれていたり。つまり、二人が重なっていない状態。コミュニケーションとは、「重なり！」。お互いの重なり合いの確認をしながら、お互いを高めていく。

意見の違いや意識のズレを見つけると、お互いに自分の方が正しい！　と思って、なんとか相手を説き伏せようとする。このときに、「俺とお前と、誰（どっち）が正しいか」ではなく「何が正しいか」という視点へ自分と相手をもっていくのが幽体離脱だ。

ＳＣＭ（サプライ・チェーン・マネジメント）プロジェクトでの一シーン。

生産「営業の需要予測がひどいから、しわ寄せはいつも生産側。過労死レベルだ！」

営業「なにいってんだよ。欠品の嵐で土下座しまくってる俺たちの身にもなってみろ！」

生産「言われたとおりに作った商品Ｘは在庫の山だぞ」

営業「生産がのろいから、タイミングを逸したんだろ！　だいたい商品Ｘは……」

延々と続くなじり合いの中で、とうとう「お客さま」という言葉は一回も出てこなかった。買いたくてお店に行ったのに、手に入れることができなかったお客さまの存在。そこからの視点で自分たちの仕事を見直さなければ、現状の問題点の押しつけあいになる。

営業「俺たちだって、店先で〝お客さま〟にいつでも手にとってもらいたいんだよ！」

生産「そうだよな。俺たちも、〝お客さま〟に使っていただきたいよ！　この製品を！」

営業&生産「そのためには、どうしたらいいのか！　一緒に知恵出して考えよう！」

共通の目的――「お客さまの笑顔」に向けて、気持ちを一つにしたとき、場の価値が生まれる。いつも「お客さま」を主語にして、会議をしているか。「営業が！」「生産側は！」と言い合っていないか。ビジネスにおいて大切な共有の目的は、お客さまの満足向上だ。

③モチベート：共有する時間や場の価値を、高めているだろうか？

トヨタには、コミュニケーションの七つの習慣がある。1．相手の話を良く聞く、2．何が問題かを自分で考える、3．激励、提案する、4．どうしたら「勝てるか」の知恵を出す、5．相談する、6．事実に基づく、7．まずはやってみる。部品メーカーで耳にするトヨタの温かい話がある。ほとんどの自動車会社は、納入価格を下げろ！　と命令してくるだけだが、トヨタの人は「コスト削減の策を一緒に考えて、KAIZENしよう」といって、現場改善を一緒に進めてくれるそうだ（これがコワイというメーカーさんもいるらしいが……）。

人間関係を作るときに二つのやり方がある。あなたはその違いを自覚したことがあるだろうか。

A　心理ゲームで操作する

B　操作なしに自由に関係を結ぶ

「ここでこういえば、こう思われる」を読んで関係性を作るのか、そんなことは意識しないで自然と関係を作っているか。多くの人は、どちらのやり方も併せ持っていると思う。ただ、もしもビジネスで人間関係を作るとき、Aに偏っている、という人は問題だ。

人をモチベートして、互いの価値を最大限引き出すためには、信頼関係が鍵だ。そこに、意図的な心理ゲームが見えたら、あなたは相手を信頼するだろうか。心理ゲームは、実は気がつかなくても日常でみんな演じている。「ごめんなさい」といって泣けば、自分は何もしないで周りが助けてくれるゲーム。「ちょっと今忙しい」といって本当は暇なのに人を避けるゲーム。京の茶漬けのように本当は「早く帰れ」を伝えているゲーム。

ビジネスでは、ゲームはやめよう。本音で向き合うコミュニケーションをしなければ、何も解決しない。泣いて謝られても「それで、どうするの？」と訊こう。「忙しい」といわれても「では、いつならいいですか？」。もしも真実のメッセージは、「代わりにやって」「アナタには会いたくない」「そろそろお帰りください」なのであれば、そう言うべきだ。

真実を隠したコミュニケーションは、相手を慮っているとはいえない。その場はつくろえても、本当は、共有する時間や場の価値を高めていない。

互いの価値を高める進化・新化・深化エネルギーをつなぎあうために、もっと、もっと、もっと、のために、先ほどのトヨタの人のように、自然な姿勢で周りを巻き込もう。自分の影響の和を拡げていく、チーム・シナジャイズ。実は、苦手な場や、いたたまれないような修羅場でこそ、信頼関係が生まれ、磨かれる。まさに、「相手シナジー力」のコンピテンシー三つが試される場なのだ。そうした場こそ、思い切り楽しめる自分でいよう。修羅場の経験から、一皮むけた自分が創られる。一皮一皮、むかれるたびに、いいコミュニケーションのできる人間へと進化している。

3 3 相手シナジー力で広さ（拡がり）が生まれる

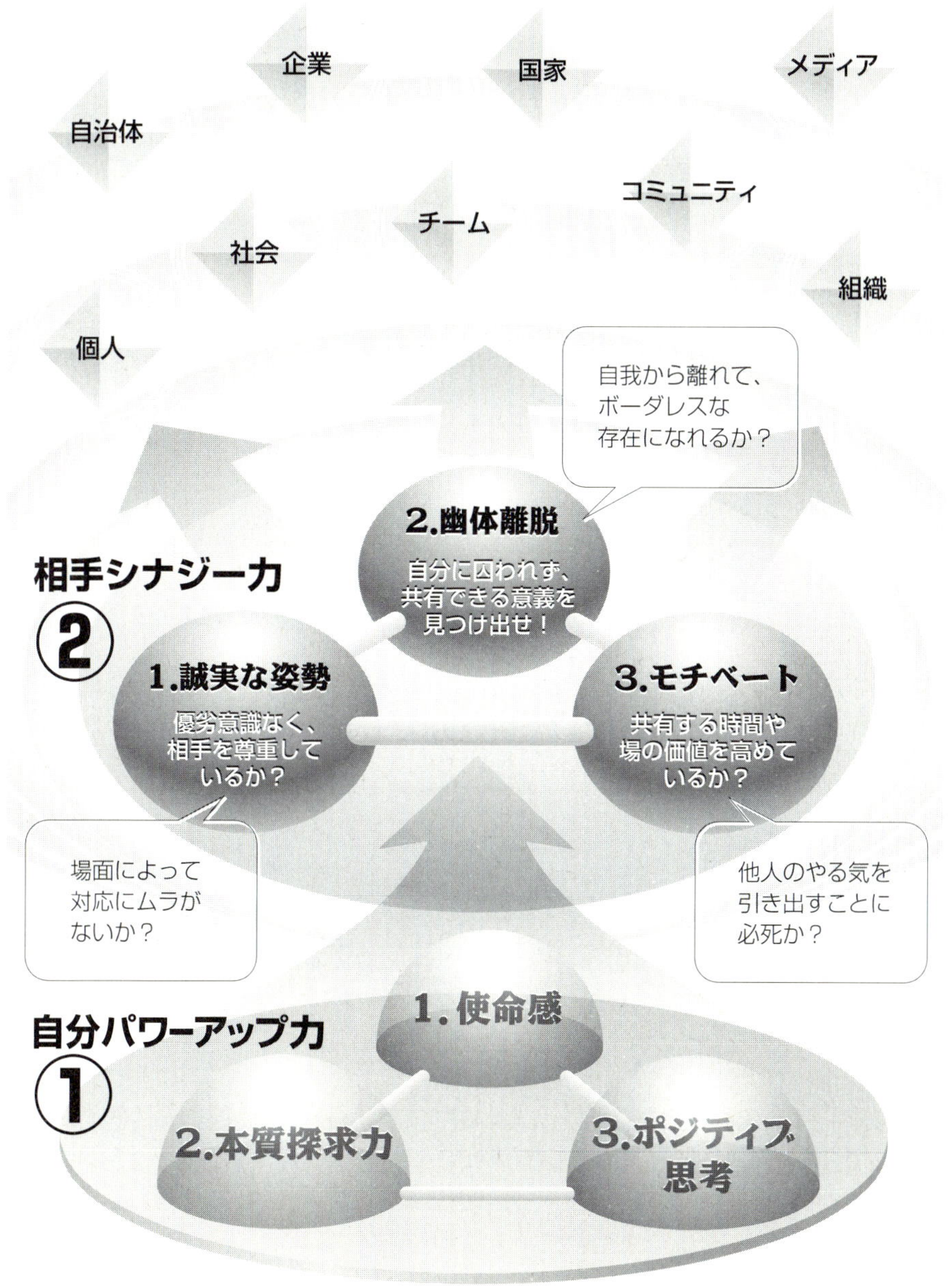
企業
国家
メディア
自治体
コミュニティ
チーム
社会
組織
個人
自我から離れて、ボーダレスな存在になれるか？
2.幽体離脱
自分に囚われず、共有できる意義を見つけ出せ！
相手シナジー力
②
1.誠実な姿勢
優劣意識なく、相手を尊重しているか？
3.モチベート
共有する時間や場の価値を高めているか？
場面によって対応にムラがないか？
他人のやる気を引き出すことに必死か？
1.使命感
自分パワーアップ力
①
2.本質探求力
3.ポジティブ思考

04 「相手シナジー力」を鍛えるノウハウ・ドゥハウ

図3―4の「相手シナジー力」コンピテンシー設問分析をチェックして、三つのそれぞれが弱い人向けに、誰にでもできるコツを教えよう。

①誠実な姿勢が保てず、場面によってムラがある人向け

アメリカのある心理セミナーでの体験は強烈だった。座っている相手と自分の脚が、互い違いになる状態でイスに座り、お互いの目を一五センチの距離で三分間見つめあう。相手の目から何が読み取れたか、を列挙するトレーニング。何が見えたか。「映ってる自分の眼」「光」「瞳孔」という物質的なアタマで見たものから、「照れ」「とまどい」「欲望」などの精神的な心の動きまで。そして「つながり」「生きている」「時間」などのハラに落ちるようなレベルの言葉も浮かんだことを覚えている。

ただでさえ、人の目を見るのが苦手な日本人に、このトレーニングはきつい。そこで、鏡で自分の目をじーーっと見つめ続けるアイコンタクト。これをやってみてほしい。目から読み取れたことをノートに列挙するのだ。そして、この人間（自分）の目を見て「誠実」なやつだと感じるかどうか。感じないなら、なにが邪魔しているか、を書き留める。目は口ほどにモノを言う。目は、誠実さを語る。それを実感してみよう。

そして、もう一つは「非人間的扱いに敏感になる」ことだ。気づかないでやっている非人間化のやり方をリストアップしてみる。例えば、名前を覚えようとしない、忘れてごまかす、人をモノとしてとらえる、良い人と悪い人に区別する、弱点をからか

3-4 コンピテンシー設問分析（相手シナジー力）

② 相手シナジー力

サンプル

1 誠実な姿勢 ⇒優劣なく相手を尊重している
2 幽体離脱 ⇒共有できる意義を見つけ出す
3 モチベート ⇒共有時間・場の価値を高める

			○△×	1	2	3
1	13	相手の話は途中で腰を折らず最後までよく聞いている	○	2		
3	14	言葉だけでなく相手の気持ちにも注意を向けて質問している	○			2
3	15	タイミングよく相手をほめることができる	△			1
1	16	あいづちを打ちながら相手の話を聞いている	△	1		
1	17	相手の態度・表情・反応をよく見ながら話している	○	2		
3	18	相手の理解度を確かめながら話を進めている	×			0
1	19	自分の思いを伝えるように話している	○	2		
3	20	相手がポジティブになるような話し方をしている	×			0
2	21	相手の欲しい情報は何かを常に考え提供している	×		0	
2	22	相手の問題を一緒に解決するパートナーとなっている	△		1	
2	23	会話のシナリオをもって話に臨んでいる	△		1	
2	24	提案は相手の言葉を使うことにしている	×		0	
			合計点	7	2	3

（2・1・0点）

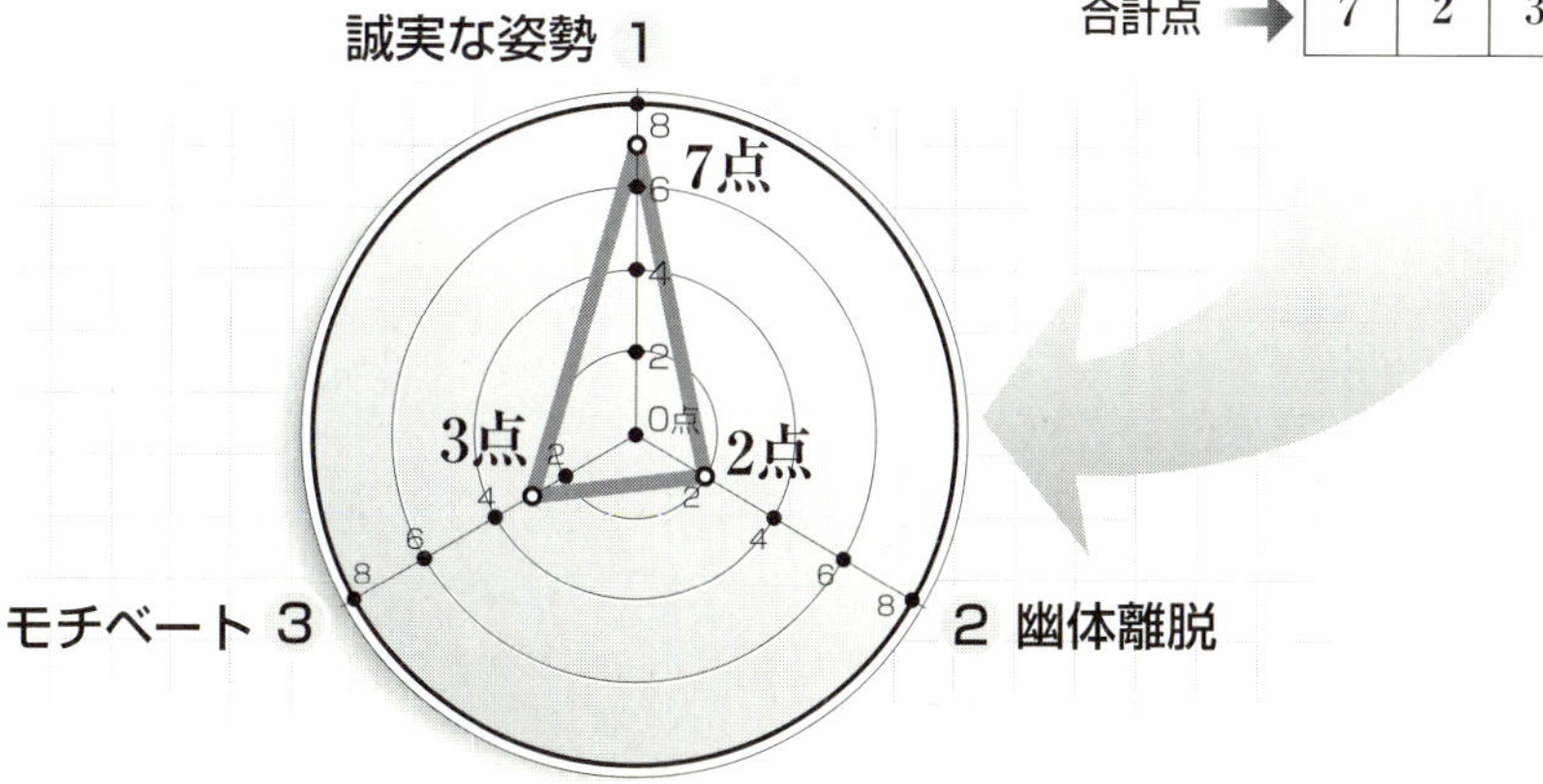

う、他人に仕事を押しつける、共働きでも母や妻に当然のように家事をさせる……。非人間化は、自分が対象にもなる。タバコはいけないとわかっていながら喫煙する、周りと張り合って無理な生活をする、ワーカホリック、などだ。非人間的な姿勢は、誠実な姿勢の対極だ。

目を覚まそう。自分の目をよく見て、自分の行動をよく見よう。

②「幽体離脱」がなかなかできない＆わからない人向け

幽体離脱のために、一番簡単なトレーニングは、「もし○○○だったら」。自分の憧れの人やロールモデル、彼（彼女）だったら、どうするか？　を自分に問うのだ。

アメリカのNFL選手が身体につけていることから、若者の間でファッションになっているリストバンドや携帯ストラップがある。そこには「W．W．J．D」と入っている。この意味は、「What Would Jesus Do?（イエス・キリストならどうするだろう？）」

困難に立ち向かうときほどこの言葉が勇気をくれて、怖気づいて誤った判断をしそうだった自分を立ち戻らせてくれるのだ、と選手たちは言っている。

私は坐禅をやる。大接心といって、七泊八日の坐禅会に参加したこともある。禅は、無になる、というがそんな境地にはまだまだである。しかし、近い経験はある。幽体離脱というよりも、この宇宙上に自分の息だけが存在する体験だ。公案では「頭でなく、腹で受けて腹で答えろ！」といわれる。なにやら人を食ったようなお題を、頭で理解しようとすると何も浮かばない。腹で受けて腹で答えろ！　というのだ。自問自答も、頭や心でなく、腹でやったほうが効果的だ。答えるときも、口で発言するのではなく、腹から出す。

最後に、落語の無理問答も面白い訓練になる。決して受け応えにならないように、あえてずらすのだ。絶対にかみ合わさない。相手にひきずられて応えたほうが負け。つまり無理問答は、傍から見ていると最悪なやりとりなのだが、幽体離脱の訓練という意味では役に立つ。相手が話しているときに、違うことを先回りして考える、という切替力の訓練だ。

他にも、

・自分の感情の動きをモニターし、先手を打つ。身体的・精神的兆候をつかむ

・腹式呼吸。深呼吸。上半身を揺らす。ハラ・キモに重心を落とす

などを、試してみてほしい。7章で詳しく触れるが、「身体」が密接につながっている。

③「そもそもやる気を他人が引き出せるのか？」と悩む人向け

「やる気」は、他人がなんとかできるものではない、と思っているとしたら、そんなことはない。自分だって、誰かの行動や言葉で感動したことがあるはず。やる気になったことがあるだろう。相乗効果、相互シナジー力は必ずある。個人プレーの多い人は、できるだけ意識してチームプレーのスポーツや団体に参加をしてみることだ。正直、面倒に思うこともあるだろう。しかし、たった一人ではできないことも、人が集まれば可能になる、というのも真実だ。これは、自分で経験してもらうのが一番。

・サッカー・野球・バレーボールなどのチームスポーツに参加する

・ダンス、ミュージカル、芝居、合唱などを実践する

・ネット上のコミュニティでチャットする。返信したくなる書き込みのコツをつかむ

・自主的な勉強会やサークル活動やリサーチを、プロジェクトとして定期的に仕掛けてみる。同窓会の幹事でもいい

どんなに一生懸命やっていても、自分パワーアップ力だけで閉じていては、影響の輪は広がらない。結局は、信頼しあう人間同士のシナジーが、関わるものの価値を高めていく。

まずは、コミュニケーションの第1ステージ、「相手から信頼される」。「何かやるならこの人と！」「相談するならこの人に！」と思ってもらう

ための「人間力」。

自分パワーアップ力で、人間としての「高さ」「深さ」「明るさ」を、そして相手シナジー力で周りの人への「広さ」を、今より少しでも強めていくことをきっかけとして、コミュニケーション道を極めていってもらいたい。

人が、本気で本音でコミュニケーションしているときは、不思議と伝わる。全身全霊で伝えようとしているとき、たとえ言葉がつたなくても、こちらはもっともっと聴きたくなる。こうした力は、「人間力」によるところが大きい。

さて、「人間力」を肝としながら、その上に「論理力」と「対話力」を練り上げていくことに進もう。お互いの理解を深め、課題を共有しあう、ということを深めるには、〝わかりやすさ〟が共通言語となる。互いの最も言いたいことを読み取り、何の軸で話を展開しているのか、を明快にしていく。こうして、単なる理解ではなく、互いに創発しあうコミュニケーションへと進化させていくことができる。

それでは次なる第4章。「ロジック力」と「聴く・訊く力」で、互いの価値をより高めていくことに磨きをかけるとしよう。

第4章

「ロジック力&聴く・訊く力」を磨いて相互に理解しあおう

communication

01 「なんとなくコミュニケーション」から脱出しよう！

そのコミュニケーション、脳を使っていますか？

さて、3章で「人間力」を基盤に、相手から信頼されるとはどういうことか、を深くえぐったところで、ここからは、信頼をベースに、相手が伝えたいと思っている本質を理解して、お互いの考えを共有する方法について、⑴ロジック力と、⑵聴く・訊く力の二つの力を使って話を進めよう。

この二つの力は、2章で出てきた、「論理力」と「対話力」から一つずつ抽出したもの。創発コミュニケーション（ともに創造力が発揮されるような建設的なコミュニケーション）実現にむけて、相手から信頼されることをステージ1としたら、ここからは、ステージ2にあたる。

このステージで絶対に身につけてもらいたいのが、全体から本質を見抜く力。つまり、お互いの話を理解し、問題や主旨の本質を共有するために欠かせない力だ。そのために、「ロジック力」と、「聴く・訊く力」を磨くことが必要になる。この二つの力はそれぞれ三つのコンピテンシー（行動特性）から構成されている。コンピテンシーに分解することで、磨くべき項目・取り組むべきトレーニングが明確になる。

だれでも、コミュニケーションに関して漠然とした悩みは持っているはずだ。「相手に自分の考えが伝わらない」「お客さんが自分の話を理解してくれているか心配になる」等々。漠然とした悩みでは、一体どうしたら解決できるのかさっぱり見当がつかないが、課題点をコンピテンシーに分解すること

4-1 本質を理解して互いに共有する（ロジック力＆聴く・訊く力）の構成図

「相手と本質、課題を共有する」ためには、
「会話の軸」×「全体像」×「仮説」が必要！

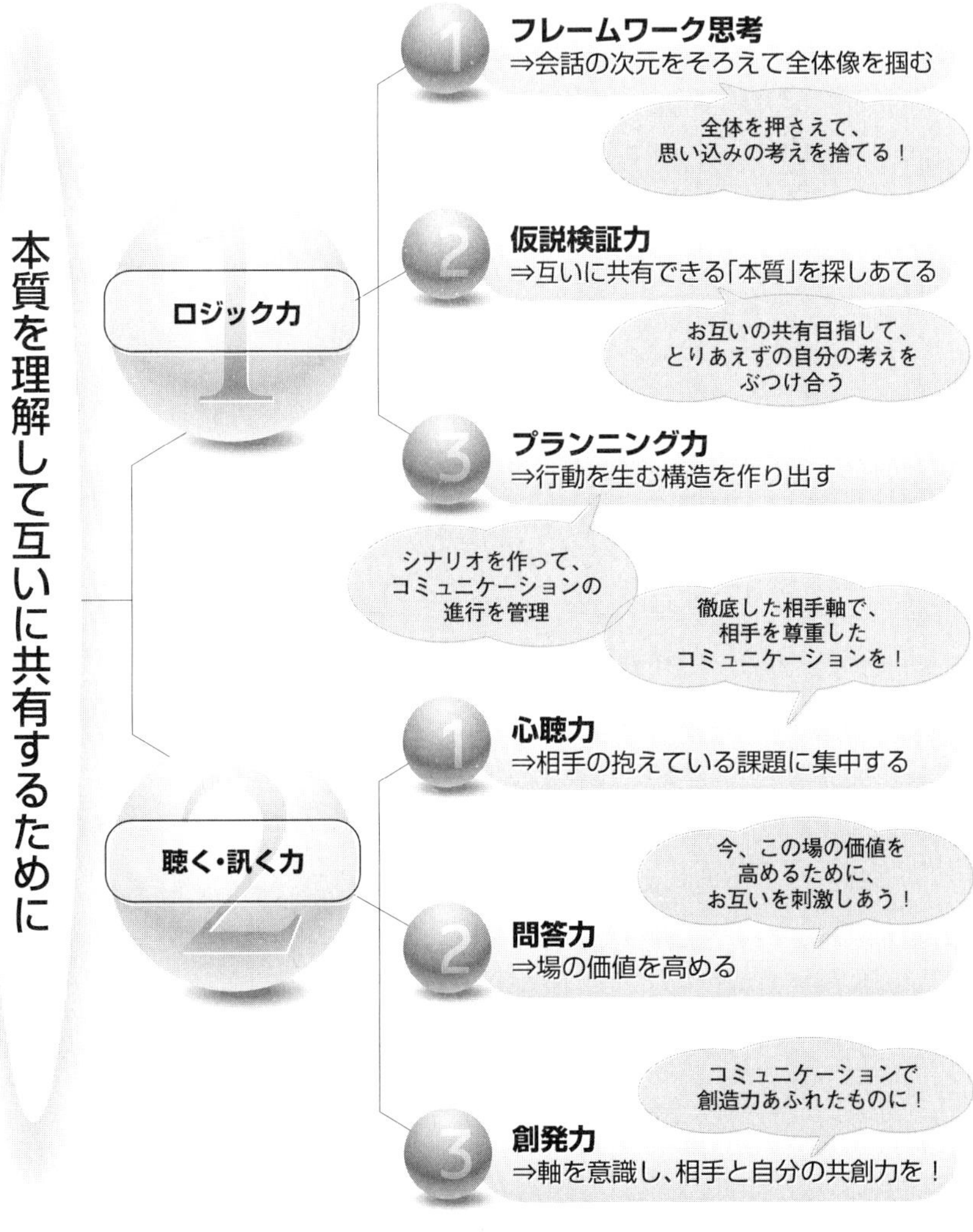
本質を理解して互いに共有するために
ロジック力
1 フレームワーク思考
⇒会話の次元をそろえて全体像を掴む
全体を押さえて、思い込みの考えを捨てる！
2 仮説検証力
⇒互いに共有できる「本質」を探しあてる
お互いの共有目指して、とりあえずの自分の考えをぶつけ合う
3 プランニング力
⇒行動を生む構造を作り出す
シナリオを作って、コミュニケーションの進行を管理
徹底した相手軸で、相手を尊重したコミュニケーションを！
聴く・訊く力
1 心聴力
⇒相手の抱えている課題に集中する
今、この場の価値を高めるために、お互いを刺激しあう！
2 問答力
⇒場の価値を高める
コミュニケーションで創造力あふれたものに！
3 創発力
⇒軸を意識し、相手と自分の共創力を！

で、誰もが自分の課題を明確に克服できる！　必要なのは、価値を生み出すコミュニケーションとは、本質の理解と共有からスタートする、ということだ（図4―1）。

無意識と意識を調べていくと、人間の行動のほとんどは無意識で成り立っている。実は会話も、無意識の塊。挨拶をする時に、いちいち「次は『お』、次は『は』、続いて『よ』、最後は『う』」などと思いながら話す人はいないはず。行動レベルで分析していくと会話も立派な無意識の塊。しかし、だからといって、日々、反射的に話していることが多くはないだろうか？　今週も先週もなんだか、変わり映えがしなかったな、と思う人は会話無意識症候群かもしれない。無意識の範囲内での会話で終わってしまうと、本質を見抜けない。ミス・コミュニケーションが頻発するし、コミュニケーションが先に進まない。コミュニケーションを意識しよう！　そして脳を使おう！

飲み屋での会話は、「なんとなくコミュニケーション」。うんちくとか、愚痴がふさわしい。けれども、ビジネスの場で、「なんとなくコミュニケーション」をされると、時間の無駄になるばかりか、組織としての競争力まで落としてしまう。一つ一つのコミュニケーションに企業の鮮度が如実に反映される。

①フレームワーク思考：会話の次元をそろえて全体を掴めているか？

フレームワーク思考とは、ボックスを使って情報を整理していく方法。頭の中の作業をビジュアルで捉えることができるので、全体像を押さえられているかどうか、瞬時に判断ができる。

本質は、話の全体像が見えた時点で初めて見つかるもの。思い込みで意見を言ってしまう人や、頓珍漢な質問をする人は、全体像を掴めていない人だ。会話の次元をそろえるとは、相手と話の軸をそろえること。今、商品のコンセプトについて話している会議なのにもかかわらず、納品スケジュールについて話し始める人がいる場合などは、次元がそろっていない典型。自分の知りたいことだけを聞いたら質を掴めない。

全体像を掴める人は、自分の興味関心に軸を持ってこない。押さえるべき情報をいくつかの切り口で切り、切り口に軸をあわせている。一つのボックスにばかり情報が入ってしまってもダメ。用意したボックスすべてに均等に情報が入るようにコミュニケーションを進めていかねばならない。すべてのボックスが一杯になったら、それがすなわち全体像を掴めたことにつながる。

ボックスを作ると、同時に次元も見えてくるから不思議だ。これは、頭の中で情報を可視化できているから。Aボックスの情報を集めているのに、Bボックスの中のほんの一部のブースにしか入らないことについて話し始めたりすると、違和感を覚える。ちがうちがう、今話すべき内容は、こっちこっち、とすぐに気づくことができるのだ。

冷静な人、動じない人はフレームワークができている。何をすべきか、が頭の中で整理されているので、着々と欲しい情報を集めたり、整理したりすればよいのだ。とにかく、全体像を掴む。ここからすべてが始まる。3章と同じように、HOWについてはあとでまとめてあるので、参考に。

②仮説検証力：互いに共有できる本質を探しあてる！

全体像を掴んだら、次に必要なことは本質を掴むこと。これが難しい。仮説検証とは、本質を相手と共有するプロセス。現時点で結論だ、と思う内容を相手に伝え、その結論で本当によいのか、相手と共に検証していくプロセスのこと。

全体像をつかんだ上で、本質を見つけられないと、仮説検証のプロセスが生まれない。これが難しい。しかし、全体像をつかめたからといってすぐに見つかるわけではない。3章の「本質探求力」で出てきた企業は、どれも自分なりの意見を持つことが遺伝子となっている企業だ。深さ、がある。つまり、本質を掴むとは、瞬間にして情報を深掘りすること。根っこの部分を探り当てる。探り当てるときにスコップ代わりになるものが、思考力と独創性。

普段から周りの情報に対して、自分なりの意見、判断をもっていることが大切だ。

仮説検証力とは本質探求プロセス力。まず、自分の仮説を伝えてみる。相手が違う仮説を持っている場合には、相手の仮説を受け止める。この時に重要なのは、何故その仮説を持ったのかについて、根拠を明確に言えること。「いや、こういう状況だったら、こう考えるのが筋でしょ」とか「何となくそう思った」では価値あるコミュニケーションを創り上げることはできない。よく言われる提案営業やコンサルティング営業は、簡単に言ってしまうと、仮説検証ができているかいないか、の話。クライアントに価値を提供できるか、できないか。その意味からも、コミュニケーションを変えることは、仕事の進め方を変えることに直結する。自然に数字にも成果は現れる。

例えば、相手の仮説に違和感を覚えたら、根拠を参考に、どの部分に違和感を覚えたのかを具体的に見つけ出す。どこまで相手と情報共有ができているのか。どの根拠を選んだことが自分と違うのか。具体的にわかればコミュニケーションが凝縮される。「いや、僕はそうは思わないんだなあ。なんていうかその、途中までは一緒なんですよ。ただね、結論がどうもね、しっくりこないというかね」などと言っていたら、いつまでたっても相手と共有することができない。

根拠が一緒なのに出てくる仮説が違うとすれば、思考の方向が違うということだし、根拠のそろえ方が納得できなければ、何故その根拠を選んだかを知ることで、相手の本意をさぐることができる。どこまでお互い共有できていて、どこが違う部分なのかを徹底的に明確にすること！　これが大切。

このプロセスを経て、同じ本質を共有できるようになるのだ！　プロセスが分かれば、あとは日々の生活の中で思考力と独創性を磨こう。このトレーニングについても後ほどまとめてあるので、参考に。

③プランニング力：行動を生む構造を作り出すのだ！

プランニングとは、コミュニケーションを迷子にしないシナリオを事前に作っておくこと。

伝えるということは本当に難しい。価値あるコミュニケーションに持っていくには、ある程度の会話のシナリオを作っておく必要がある。シナリオがないコミュニケーションは迷走しがち。会議がいつの間にか井戸端風になってしまった経験はないだろうか。皆が思い思いのことを喋っている。緊張感はなく、明らかに退屈している人がいたり、挙句には電話に出始めたりする。こういう時に、誰かがシナリオを持っていると、緊張感を保てる。

流れのプランとは言っても、流れを描いた人の思うとおりに話が進むというわけではない。新しい価値が生まれる瞬間はいくらでもある。その時はプランを途中で書き換えればよい。コミュニケーションは発展するものだから、どんどん流れが変わってもおかしくない。

しかし、シナリオレスになってしまうと、話が空中分解してしまう。流れをプランニングすることとはアドリブ力、臨機応変に対応する力にも通じる。流れをプランニングする力のある人は価値の作れる人である。プランを実践するには意志が必要だ。自分が関わったからには絶対に価値ある時間にする、という意志。

会議や、上司に報告する際など、時間が限られている場面には特にプランニング力が必要。気がつくと、何故か相手のペースに乗せられてしまう、という方にも効果的。

02 「ロジック力」を磨くノウハウ・ドゥハウ

さて、ふたたび2章のテストの結果（52、53ページ）を見返してみて、ロジック力が一二点未満のあなたは、特に強化すべきコンピテンシーを見つけて、徹底的にトレーニングしていこう！

①フレームワーク思考が弱い：全体像を把握できない人向け

フレームワーク力は三つ三つの切り口を常に考えることで磨かれる。何か目に飛び込んできた商品を一つ決める。電車の広告でもいいし、テレビで流れていたものでもいい。その製品を相手に勧める際の切り口を三つ考えるのだ。

●トレーニング1：フレームワーク・三つのボックス

例えば、「携帯電話」。では、三〇秒で切り口を三つ考えてみよう。

例えば、

「機能」「価格」「デザイン」

この三つだと、漏れなくダブりがない。これが、「機能」「価格」「動画」となってしまうと、漏れありダブりありになってしまう。「機能」と「価格」は同じ次元だが、「動画」は「機能」の中の一つの要素であるからだ。次元が違うのだ。

こういうことを一日三回やってみてほしい。携帯電話の次は、購入したい自動車、買い換えたいパソコン……。これでフレームワーク力のトレーニングは終了。切り口がきちんと、漏れなくダブりなく三つになっているか、自分で自分の切り口をチェックできるようになることが重要だ。切り口とはボックス作り。ボックスができ上がれば、あとは情報を埋

4 2 コンピテンシー設問分析（ロジック力）

① ロジック力

サンプル

1 **フレームワーク思考** ⇒会話の次元をそろえて全体像を掴む

2 **仮説検証力** ⇒互いに共有できる本質を探しあてる

3 **プランニング力** ⇒行動を生む構造を作り出す

○△×　2・1・0点

			○△×	1	2	3
2	**1**	問題の原因を追求するような質問をしている	○		2	
3	**2**	相手の話は時々要点をまとめて確認しながら聞いている	○			2
1	**3**	質問は相手の課題を考えてしている	×	0		
3	**4**	本質を見極めようとして質問をしている	△			1
2	**5**	数字や客観的データを用いて話している	○		2	
3	**6**	相手が知りたいことに的を絞って話している	○			2
3	**7**	体系的にものを考え話している	○			2
1	**8**	話す目的を相手にはっきりさせてから話している	○	2		
1	**9**	相手の話から課題は何かを考えている	○	2		
1	**10**	相手の課題をモレなく整理している	△	1		
2	**11**	提案は１つのストーリーとなるように組み立てている	○		2	
2	**12**	仮説をもって情報収集を行なっている	×		0	
			合計点 →	5	6	7

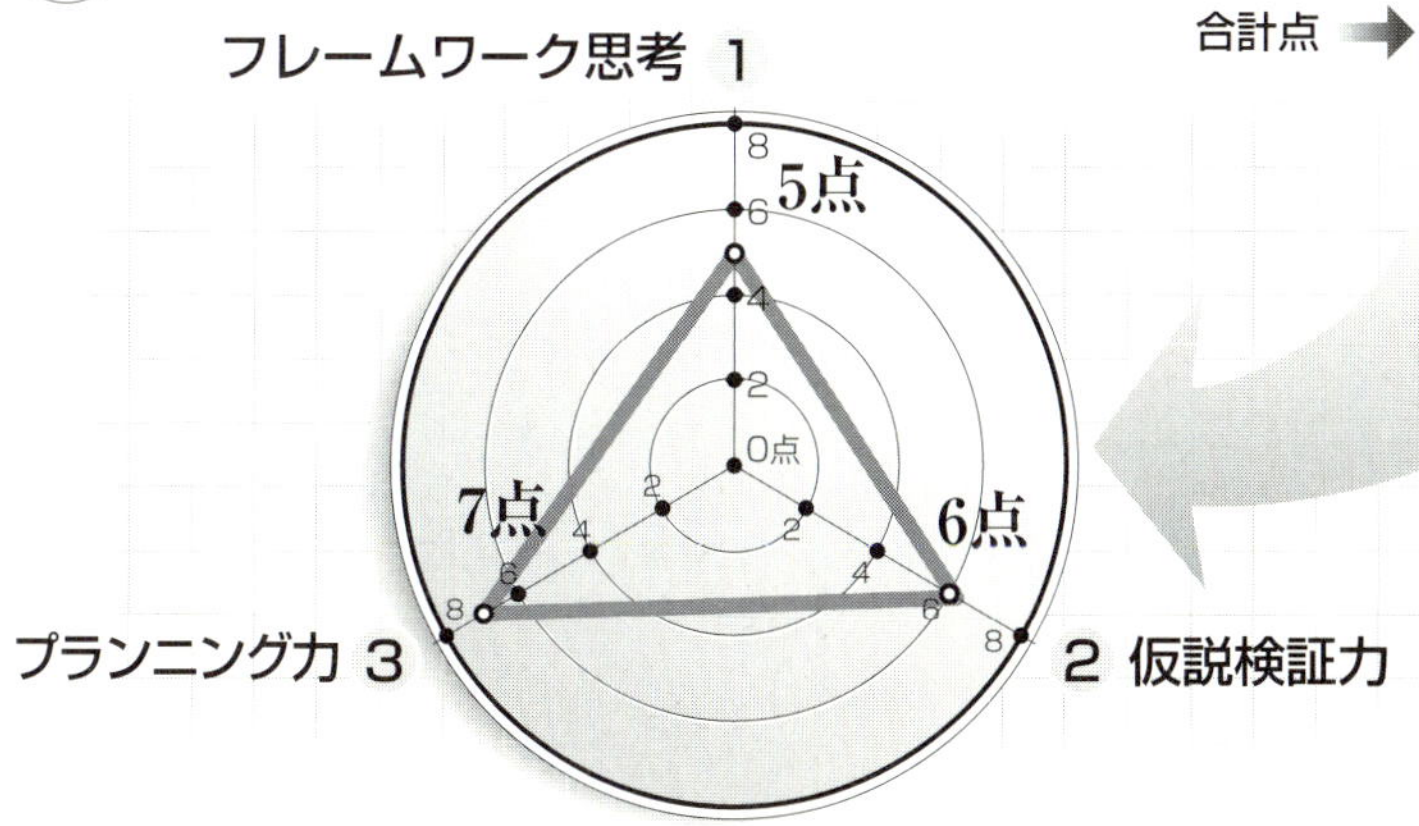

めることで全体像を把握できるようになる。何はともあれ、ボックス作りから。

②仮説検証力が弱い：自分の意見がまとまらない人向け

仮説検証力を鍛えるには、まず、自分の仮説を持てる脳に変えていかなくてはならない。いわゆる自分の意見。

まず、その日に聞いたニュースを一つ題材にする。これも、選ぶというよりは自然に耳に、目に入ってきたニュースを一つ題材にする。そのニュースに対して、仮説を考えるのだ。

●トレーニング２：一分間仮説

「今年の春は花粉が例年よりも大量に飛びます」というニュースを耳にしたとしよう。さて、あなたの考える対策の仮説は？　一分間でどうぞ。

例えば、

・では、新規に発症する人を事前に傾向分析することはできないか？

・では、水まき運動など、地域が一体となった草の根活動で症状を抑えられないか？

・では、花粉症をきっかけとしてセルフメディケーションの浸透をうながす仕組みを考えられないか？

・では、自分に一番合う目薬を見つけるために、たくさんの目薬を少しずつサンプルとして配布する方法は可能か？

など。仮説とは、未来を見た新しい価値を生む自分の意見。飲み会の席での記憶力大会で、うんちく王になることも素晴らしい芸だが、ビジネス・コミュニケーションでは、詳細なデータを覚えていることより、覚えている情報の本質から価値を生むことのほうが大切なのだ。これも、考える時間が一分、検証三分で歩きながら十分に取り組める。

慣れてきたら根拠も付け加えよう。何故、そう思うのかを三つ。とにかくこじつけでも三つ！　しかも切り口は漏れなくダブりなく。せっかくだからフレームワークのトレーニングも取り入れて鍛えてみよう！

③プランニング力が弱い：「で、何だっけ？」になりがちな人向け

ここでは、全体の地図を瞬時に描くトレーニングに取り組む。

●トレーニング3：会議アジェンダプランニング

例えば、今日の会議のテーマは、新商品の販売戦略。いつものことながら、四方山話の時間が多く、一時間のスケジュールで組まれた会議が三時間を越えることは容易に想像できる。しかし、その日は、どうしても行きたいパーティーがあり、一時間半でオフィスを出ないと間に合わない。そんな時こそ、シナリオ！　流れがあるだけで、テンポよく会議は進むのだ。

では、今日の会議のために、九〇分の流れを一分間でプランニングしてみよう。

例えば、

1「まず、商品の内容を完全に理解するため、知識の共有を図る」約二〇分
2「その後に質疑応答」約二〇分
3「チャネルごとに、アプローチ方法を考える」二〇分
4「新商品として積極的に動くためのプロモーション期間や概要を考える」二〇分
5「全体の振り返りと、詳細決定に向けての今後のスケジュール」一〇分

――これで一時間半。

といった流れをプランニングするのだ。全体の構成とメリハリを頭の中に入れておくことで、状況が変わってもタイムマネジメントを行なうことが可能になる。

流れは会議だけでなく、会話でももちろん必要。上司に報告する際もポイントとメリハリを頭に描くことが重要。例えば、一五分時間をもらっていた上司が五分しか時間を取れなくなってしまったら。ポイントだけかいつまんで五分の流れに短縮すればよいのだ。

プランニング力は、じっくり考えて下準備して…
…というプランニングではなく、アドリブで、その場でシナリオ化する方が重要。つまり、状況がどん

どん変わっても、その変化にちゃんと対応できることが大切である。

ここまでの三つのトレーニングを実践しても全部で一〇分。人間の行動は自分が考えている以上に無意識から構成されている。無意識の時間を一〇分間トレーニングに充てるだけだ。あとは意志の力。コツコツ積み上げた力は、ある時、実力に形を変えて目の前のビジネスを変えてくれるだろう。

そして、トレーニングは習慣化して欲しい。「ちょっとやってみる」のではなく、「いつもやってみる!」ことが何よりも重要だ。習慣化!

03 「聴く・訊く力」が場の価値を作り出す

①心聴力：相手の抱えている課題に集中しよう！

「心聴力」とは、徹底的に相手の立場に立って話を聞くこと。相手の課題に集中する。相手を尊重したコミュニケーションの姿勢が取れているかどうか。カウンセリングの世界では「傾聴」という言葉が使われる。これは、「私はあなたの考えていること、感じていることが貴重なことだと思っています。あなたの考えのもつ意味を尊重しています。私はあなたを理解したい。だから、遠慮なく話をして欲しい」という積極的な行動だ。

ビジネスのシーンでも感情は必ず付随する。ビジネスには感情は関係ない、と思うかもしれない。確かに、怒っても仕方ない場面で怒ったり、落ち込んでも仕方ないのに落ち込んでしまうなどの感情は不必要だ。しかし、怒り、あせりなどの感情は強いメッセージであり、仮説決定に密接に結びつく。

「要点だけ言って」と、顔も上げない上司も世の中には多いが、絶対に真似してはならない。日々のコミュニケーションを大切にできる人に、信頼は生まれ、多くの人が集まってくる。もし、無意識のコミュニケーションが増えてしまっていたり、部下の話をきちんと聞くことができなくなっている自分をみつけたら、傾聴力が落ちている証拠。傾聴力とはコミュニケーションに対する自分の姿勢だ。一つ一つの小さなコミュニケーションも周りに大きな影響を与えている。雑で相手を尊重しないコミュニケーションが蔓延してしまうと、そのコミュニティからは新しい価値は生まれない。

②問答力：通り一遍の結論で話が終わってしまう人向け

「問答力」とは、場の価値を高める方向にコミュニケーションを導く力。

もともと問答とは、仏教用語。大原問答が有名所。舞台になったとされる京都・勝林院は、三千院よりもやや山を登ったところにある。中に上がると、今でも問答台が残っている。お互いの台は本尊を挟んで左右に約三メートルほど離れている。この距離感の中に緊張感を見て取れる。

問答とは、お互いの主張を尊敬しつつ、お互いが満足のいく結論を探す、という緊張感に溢れた行為だ。状況によっては相手との心の距離は三メートルどころではないくらい離れていることも多いだろう。問答力とは、その距離を縮めていく力だ。相手の仮説や真意を理解するために、発信方としては、どれだけ適切な質問を投げ掛けられるか、が肝になる。相手が答えやすい問いを投げ掛けることが重要だ。ここでも軸は相手。自分が聞きたいことであっても、相手が答えやすい質問をするべきだ。「訊く」という字には「ごんべん」が付いている。相手が答えやすいように、こちら側が意図して訊ねるということだ。

インタビュアーを見ていると、相手の本質を引き出せない人が結構多い。時間がないのなら、なおさら相手のことを考え、答えやすく、瞬間で本質を掴める質問をしなくてはならない。逆に、自分が答える側になった場合は、相手が分かりやすいように、質問の意図するところから明確に答えよう。相手の意見を引き出しつつ、自分の意見を上手く伝える。

自分の意見を一方的に話すだけなら、誰でもできる。目指すゴールはお互いの納得！　特にチームリーダーや役職者など、立場が上になるケースの多い人は、改めて、自身のコミュニケーションを客観視してみよう！

③創発力：当たり障りのないコミュニケーションをしてしまう人向け

創発力とは、相手にも自分にも新しい発見がある

4 3 コンピテンシー設問分析（聴く・訊く力）

② 聴く・訊く力

サンプル

1 **心聴力** ⇒相手の抱えている課題に集中する

2 **問答力** ⇒場の価値を高める

3 **創発力** ⇒軸を意識し、相手との共創をはかる

			○△×	1	2	3
2	**13**	相手の話は途中で腰を折らず最後までよく聞いている	○		2	
3	**14**	言葉だけでなく相手の気持ちにも注意を向けて質問している	○			2
1	**15**	タイミングよく相手をほめることができる	×	0		
3	**16**	あいづちを打ちながら相手の話を聞いている	△			1
2	**25**	相手の本音を引き出すような質問をしている	○		2	
3	**26**	相手の話は笑ったりして表情豊かに聞いている	○			2
3	**27**	質問は整理して順序よく行なっている	○			2
1	**28**	わからないことはすぐに質問している	○	2		
1	**1**	問題の原因を追求するような質問をしている	○	2		
1	**2**	相手の話は時々要点をまとめて確認しながら聞いている	△	1		
2	**3**	質問は相手の課題を考えてしている	○		2	
2	**4**	本質を見極めようとして質問をしている	×		0	
			合計点	5	6	7

（2・1・0点）

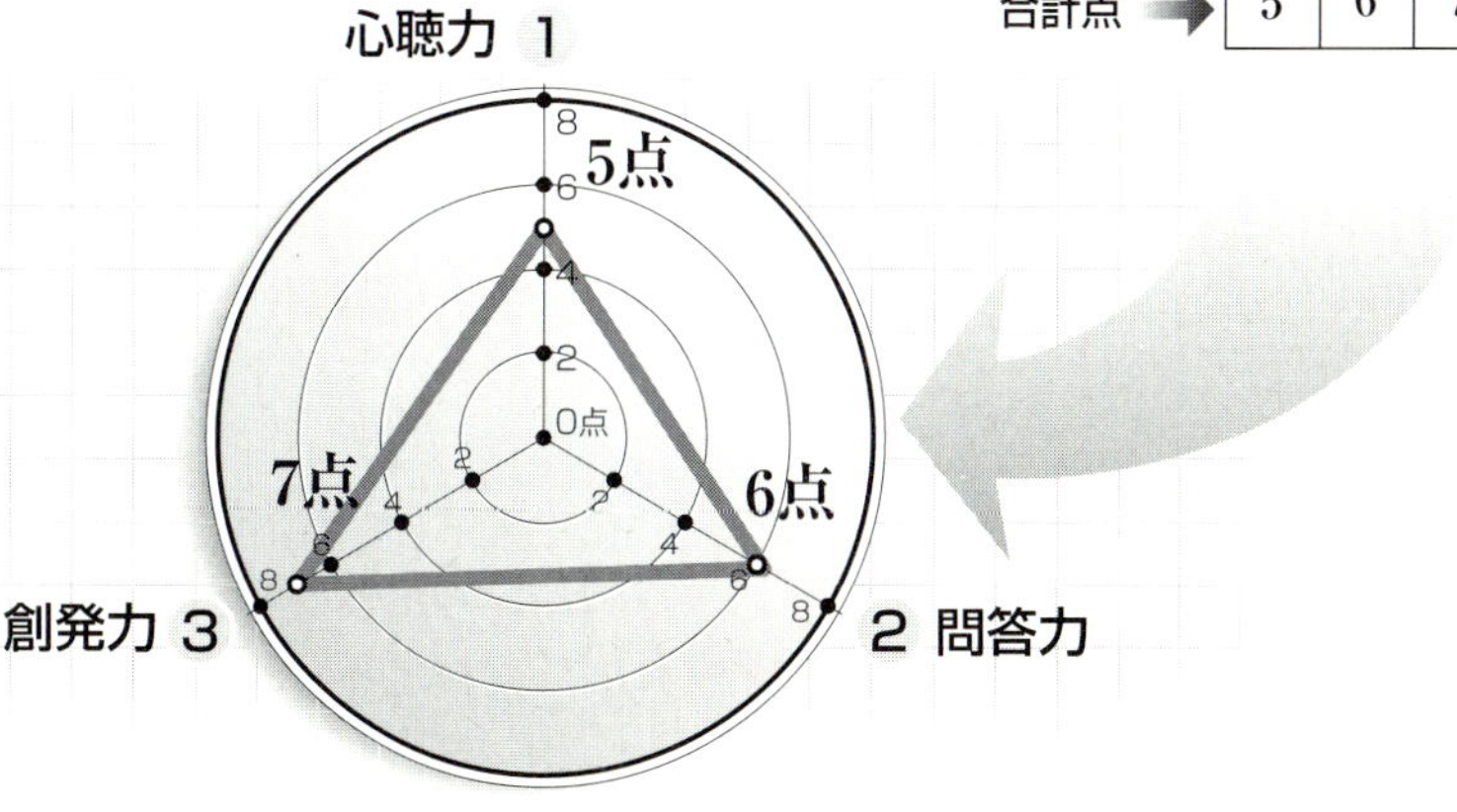

コミュニケーションを実現する力。「いやあ、山田さんに相談してよかった！」「何故か木村さんに相談したくなっちゃうんですよ」などと部下や同僚から言われたら、嬉しくてたまらないだろう。「いやあ、俺だって、人の役に立てるんだなあ」としみじみ日本酒を舐めるケースも多いだろう。

逆に「課長に話しても時間ばっかり取られて、結局何にも解決しないしさ」などと言われてしまっていそうなあなた！　この違いは創発力にある。つまり、自分が係わったコミュニケーションの価値をどこまで高められるか。チームリーダー・役職者になったらより責任は重大。価値を生むコミュニケーションを実践することは自分に課せられた責務。

日々のコミュニケーションで価値が生まれなければ、組織自体で、会社自体で新しい価値を創っていくことは不可能だ。常に新鮮なアイデアや発想、意見で溢れている会社は、日常の一つ一つのコミュニケーションがイキイキとしている。

例えば、米国ケロッグ社のある部署では、一〇〇人以上の社員がビジネスや市場について語り合い、新しいCMなどを観て、ブレーンストーミングができるコーヒー・セッションを、定期的に開いているそうだ。新しい市場改革を行なうのはなにも研究室だけではない！　ということを全社員が理解している。全社員が会社の中で同じ可能性を感じている。

創発コミュニケーションは、自分と相手がいるからこそ成り立つ。きちんと相手を尊重することで初めてたどり着けるステージなのだ。もし、日々のコミュニケーションが無意識化していると感じたら、日々のトレーニングを心がけて、自分の係わったコミュニケーションだけは質を高めるという意識で取り組んで欲しい。それに気づくと、組織自体が、そして会社自体が変わる。

創発力を高めるには、自分と相手の場の「軸」を考えるとよい。「いつもの」「普通の」ではなく、「違う切り口」「逆から見たら」「あるべき姿」という発想が大切だ。軸自体をいろいろと動かすことが求められる。

Communication

04 「聴く・訊く力」を磨くノウハウ・ドゥハウ

さて、再び図4－3（99ページ）の「聴く・訊く力」コンピテンシーをチェックして、弱点項目の強化を図ろう！　聞く・訊く力は、テレビ番組や街中での会話など、人が居るところであればどこでもトレーニング可能だ。きっかけを意識することからはじめよう。

①心聴力：どうも相手の話をさえぎってしまう人向け

「心聴力」を高めるには、心理的な阻止要因を客観視することが最も効果的といわれている。代表的なトレーニングをいくつか紹介しよう。

●トレーニング1：静寂なる心づくり

①静かな場所で「ア・イ・ウ・エ・オ」と、母音をすべて一つずつゆっくり発声してみよう。そして、その響きを聴き、その母音があなたのなかでどのように響くかについても耳を傾けよう。

②5分間、静かに腰をおろして耳に入ってくるすべての音を意識して聴こう。そしてそれはどんなものかを書きとめよう。

③目を閉じて、額や眉、目や鼻、頬、唇、顎といった自分の顔が言っていることに「耳を傾け」よう。つまり、自分を部分的に意識してみる。

④食事の際に、食べ物が食道から胃、腸へと進んでいくのをたどってみよう。途中で意識が何度も途切れてしまう部分があったら、どこで自分の意識がとまってしまうのか、認識してみよう。

つまり、他人を意識するためには、まず自分を意識できる状態にならなければいけない、ということ。そのためには、普段無意識で行動していること——食事だったり呼吸だったり——に意識をむけたり、鏡を見ない限り見ることのできない顔について客観的な意識を持つこと、などが効果的だ。このトレーニングは時間に余裕があるときにお勧めする。毎日続けるよりも、一週間のうちで一回、早朝や深夜などにたっぷり時間をとって取り組むことをお勧めする。

②問答力：一方的に自分の意見を押し付けてしまいがちな人向け

なんでこんな質問の仕方をするのか……ＴＶを観ていたり、会議での上司の質問などのシーンで、そう感じることも多いだろう。人のことは良くわかる。そこで、人のことを利用して問答力をトレーニングしよう。ＴＶやラジオが格好の材料だ。

●トレーニング２：バカなインタビュアー探し

インタビュアー「作品を作るときの苦労って何かありますか」

相手「そうですね。僕はいつもドトールでアイデアを練るんですが……」

このとき、「漠然とした質問なうえにありふれた質問だな」と感じたらチャンスだ。ここでトレーニング開始。さあ、自分だったらどう訊きますか？

例えば、

「今回の作品は、前回までの作品とちがい、あらかじめ世界が完成されていますね。今まではわりと、作品が先で、気づいたら世界になっていた、という印象があります。今回の作品は、製作過程で、過去のシリーズと大きなちがいがあったのでしょうか？」

と訊く。具体的に訊くと、具体的に答えてもらえる。人は、漠然とした質問には漠然としか答えられない。解釈が多数存在するから、どう答えたらよいのか分からないのだ。これでは意図する答えを相手が返してくれなくてもムリはない。

逆に答える力を磨くには、漠然とした質問に明確に答える練習をする。まず、相手が何を聞きたがっているのかを察することが重要だ。先ほどの漠然とした質問に、具体的に答えてみよう。

例えば「最新作を例に三つの話をしたいと思います。その三つとは……」などと、相手の質問に対して、こちらがポイントを絞って本質を提示してあげるのだ。

③創発力：コミュニケーションをこなしてしまいがちな人向け

その場のコミュニケーションの価値を高めるには、明確な軸を持つことが重要。巷の対談やインタビューを見たり読んだりして、軸を探す。全体を通して、

・軸がずれた瞬間はどこか？

・軸が戻った瞬間はどこか？

について考える。例えば、次の対談を見てみよう。

——以下は、井深大氏と指揮者の大町陽一郎氏の一九七八年に行なわれた対談から抜粋したものである。テーマは子供のしつけについて——

井深「ひとつうかがいますがね、お父さんとしては、厳しいだけじゃなく、甘やかす面もあったんですか。かわいいには違いないんだから、それを表現するというような……」

大町「ありますよ。私は子供たちがよくやったときは非常にほめてやるし、子供たちといっしょにマラソンしたり、水泳もスキーも一緒にしますし……」

井深「ありますね、はい。そうすると、お母さんが『おやじさんが厳しいから、それを補うために甘くする』というのは私、間違いだと思いますね」

大町「ぼくもそう思うんです」

井深「お父さんにそういう愛情の表現がないのなら別ですけれどね。お母さんも厳しいところと甘さと、両面なくちゃいけないだろうと思うけど……」

大町「ええ、うちの家内もね、厳しいところは割と厳しいですよ」

井深「だろうと思いますね。ドイツの方だから。

いまの日本のお母さんというのは、何が間違ってるって、『子供が全部、自分の延長だ』と考えてる事ですね。あれは日本のお母さん独特なんじゃないかな」

大町「ああ……なるほど」

井深「『自分が学校へ行けなかったから、子供は大学へ行かせるんだ』『自分はおいしいものを食べられなかったから、子供にはおいしいものを』……みたいに、考えてみれば、実は、全く自分の延長なんですね」

――中略――

井深「バイオリンの鈴木チルドレンにしても、ずいぶん反対する人はいるんです。（中略）二～三歳以下というのはいくら繰りかえしても平気なんです。あきないんです。そのときに正しいものの繰り返しを与えておきさえすれば、それが自分のものになった時に、そこで初めて情緒であるとか、芸術性であるとかが生み出されてくるんだろう、と思うんです」

大町「ちゃんと、いい挨拶を交わす事ができる……それを身に付けている事から、自然にその人の人柄というものができ上がっていく……（後略）」

（財団法人ソニー教育財団『井深大の対談リスト103「きちんとしたあいさつから」』より）

この対談から、井深氏がしっかりと軸を握っていることがわかる。最終的には、大町氏の語った事例と自分の主張していたことが同じ根っこを持つことを認識する形で対談が締めくくられている。軸がしっかりとしていると、話している両者の逸話の価値が最大限に高められる。価値が生まれている。大町氏の頭の上に「！」マークが出た瞬間を見て取れる。あ、あの話もここにつながっているのか！　なるほど！　さすが！　となると！　ほら！　となるわけだ。

まずは、テレビ・講演などを見たり、読んだりして、会話の軸を探す練習をおすすめする。ベストプラクティスが沢山蓄積されていればいるほど、切り返し方や流れの修正は上手く行くはずだ。あとは実践あるのみ！　その場の価値を高めるのは自分しかいないと信じて！

●トレーニング3：軸探し

二人チームで、テーマをどんどん変えて、そのテーマの軸を相互に出し合い、どの軸が最適かを決めていく。

例えば、テーマを「ニート」としよう。軸は「日本人の体質」「甘さと甘え」「親の教育」「豊かな社会」「夢とビジョン」などだ。そして二人が最適と考える軸を一つに絞り込む。そして、テーマをどんどん変えてゆく。

軸探しは、本質探求力につながる。創発力とは、その原点に本質探求力が横たわっているといえる。

第5章

「シナリオ力&伝える力」を向上させ、次なる行動を生み出す

communication

01 「シナリオ力」とは、徹底的に相手のことを知る力

「次なる活動」を生み出すために！

まず、これまでの2章から4章までの流れを、もう一度振り返ってみよう。2章では、三つのコミュニケーション力、三つのステージ、六つのスキル、一八のコンピテンシーの関係を整理し、コミュニケーションの全体像を体系化した。次の3章では、コミュニケーションの第1ステージ「相手から信頼される」ために必要な人間力の二つのスキル「自分パワーアップ力」「相手シナジー力」と、それらをさらに具体的な六つのコンピテンシーに分けて、各々のコンピテンシーを鍛えるノウハウ・ドゥハウについてお伝えした。そして、次の4章では、コミュニケーションにおける第2ステージ「相互に理解し合う」ために、論理力の中の一つのスキル「ロジック力」と、対話力の中の一つのスキル「聴く・訊く力」について、2章同様に六つのコンピテンシーに沿って説明した。

そして、ようこそ5章へ！　本章では、いよいよ『納得』に至るまでのコミュニケーション・プロセスの最終ステージ、「次なる行動を生み出す」ために、論理力の中の「シナリオ力」と、対話力の中の「伝える力」について考えていく（図表5―1）。

では、まずは「シナリオ力」についてみていこう。相手軸を意識してシナリオを考えるために求められるコンピテンシーは大きく三つある。

① 「情報収集力」：相手の関心を引き付ける情報を集める

② 「ビジョン共有力」：相手とベクトルやゴール

5-1 次なる行動を生み出すシナリオ力と伝える力の構成図

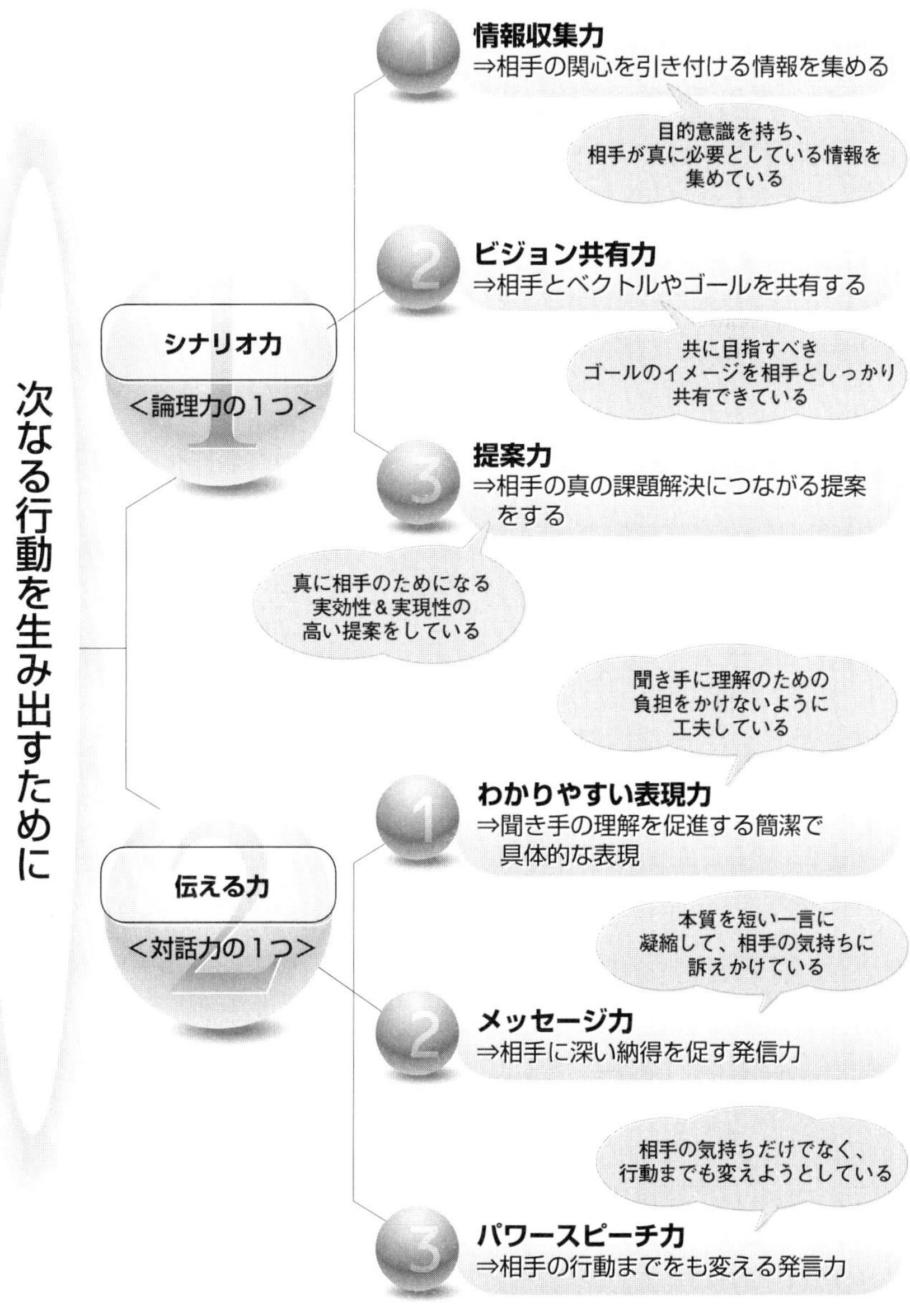
次なる行動を生み出すために
シナリオ力
<論理力の1つ>
1 情報収集力
⇒相手の関心を引き付ける情報を集める
目的意識を持ち、相手が真に必要としている情報を集めている
2 ビジョン共有力
⇒相手とベクトルやゴールを共有する
共に目指すべきゴールのイメージを相手としっかり共有できている
3 提案力
⇒相手の真の課題解決につながる提案をする
真に相手のためになる実効性&実現性の高い提案をしている
伝える力
<対話力の1つ>
聞き手に理解のための負担をかけないように工夫している
1 わかりやすい表現力
⇒聞き手の理解を促進する簡潔で具体的な表現
本質を短い一言に凝縮して、相手の気持ちに訴えかけている
2 メッセージ力
⇒相手に深い納得を促す発信力
相手の気持ちだけでなく、行動までをも変えようとしている
3 パワースピーチ力
⇒相手の行動までをも変える発言力

を共有する

③「提案力」：相手の真の課題解決につながる提案をする

の三つだ。それでは、一つ一つ見ていこう。

①情報収集力：相手の関心を引き付ける情報を集めているか？

ビジネスシーンにおいて、情報収集力は、間違いなく大きな強みの一つであると言える。しっかりとした情報を持っていることで、相手に確固たる信頼を抱かせることができるからだ。では一体、情報収集をする「力」とは何を指すのか？　それは、「質」「量」「スピード」の大きく三つに分けて捉えることができる。

まず、圧倒的な情報量を持っていること。これは強い。情報の引き出しを沢山もっていて、いつも話題に事欠かない人。そんな情報通があなたの身の周りにも一人や二人はいるはず。情報通の周りには人が集まりやすい。「もしかして、あいつなら知っているかも……」。情報通は他人から信頼される。信頼されるから、自分から相手にアプローチをしなくても、相手からアプローチされる可能性が高い。これは、有利だ。自分の周りに人が集まるということは、自分に入ってくる情報も増えるということだからだ。

次に大事なのが情報の質。いい情報、役に立つ情報を持っていなければ、どれだけ豊富な情報を抱えていたとしても、その魅力は薄い。いい情報、役に立つ情報とは、言い換えるならば、相手が真に欲している情報のことだ。相手が知りたがっている情報とも言える。情報収集は、あくまでも他人軸で考えることが重要。自分が興味を持っている情報や自分が入手しやすい情報だけを集めても意味がない。自分という枠、つまり、自分軸というパラダイムから脱する必要がある。常に相手を意識した情報収集を心掛けたい。

そして、最後はスピードだ。いまのビジネスシーンではスピードという概念の優先順位は極めて高い。「考える」と「動く」という作業を別々に捉えていてはダメ。「動きながら考える」「考えながら動く」ことがスピードを早める秘訣だ。情報収集は、できるだけ早く最初の一歩を踏み出すことに意識を集中すべきである。

情報収集は、相手軸に立って行なうことが大前提。そして、多くの情報を集めること、相手の興味や関心を引き付ける意味のある情報を集めること、早く集めること、の三つを意識して欲しい。相手から信頼され、相手と同じ視点や同じ立場に立つという前提をクリアできない限り、次なる行動を生み出す術はない。しっかりとした情報収集を行なうということは、そのための第一歩なのだ。この一歩をクリアできたら、次は相手と同じ立場や同じ視点に立ち、ビジョンを共有する必要がでてくる。

②ビジョン共有力：相手とゴールやベクトルを共有せよ！

どれだけ優れた情報収集を行なったとしても、相手と同じ立場や視点に立つことなくして、コミュニケーションが先に進むことはない。次なる行動を生み出すためには、まずは相手と同じ目的やゴールを共有する必要がある。シナリオ力の二つ目のコンピテンシーは「ビジョン共有力」だ。これまでに何度も述べてきたとおり、コミュニケーションとは相互の納得に至るまでのプロセスのこと。この納得という言葉の意味を考えたとき、相手と同じ立場や視点で最終的に目指すべき目的やゴールが共有化されていることは、極めて大きな意味を持つ。

ビジョンとは、言い換えるならば、志とも言えるだろう。成し遂げようとする思いの強さがビジョンというカタチになり、人に伝わり、実現のための行動につながっていく。以前、オリックス・ブルーウェーブ（現バファローズ）の監督を務めた石毛宏典氏。「常勝西武」と言われた西武ライオンズ黄金時代の立役者の一人だ。彼は将来プロ野球選手を目指している人たちを集め、四国の地域文化に根ざした独立野球リーグ「四国アイランドリーグ」を設立中だ。これはＮＰＢ（日本野球機構）とは一線を画したリーグで、アマチュアの受け皿である一方で、プロへの人材供給源としての役割も担っている。

全く新しい独立リーグを立ち上げたのだ。やはり、資金集めには苦労が多いようで、年間収入の三分の一をスポンサー支援に頼らざるを得ないという。当然、チームに所属する選手や監督・コーチ陣に支払う給与は限られている。そんな構想が成り立つのか？　本当にやれるのか？　周囲から疑念の声が上がる中、石毛氏は決して信念を曲げなかった。明確なビジョンを持ち続けた。そして、連日連夜自分のビジョンを説いて回った。結果、ふたを開けてみれば、彼のビジョンに共感したコーチやアドバイザー、選手、スポンサーが徐々に石毛氏のもとに集まり始めたのだ。人を動かす、つまり、人に行動を起こさせるのは、本当のところはお金でも名誉でもなく、夢やビジョンといったものなのだ。

これまでに見てきたとおり、コミュニケーションはまず相手から信頼を得て、次に相互に理解し合い、そして最終的には互いに共通するゴールに向かって次なる行動を生み出す、という三つのステージで進んでいく。自分たちは何がしたいのか？　どうすべきなのか？　どうありたいのか？　こうしたビジョンをしっかりと共有することなく、相手と一緒に次なる行動を生み出すことは難しいだろう。

③提案力：相手の真の課題解決につなげる！

情報収集はＯＫ！　ビジョン共有もできた。でも、本当にそれだけで相手との相互の納得を踏まえた次なる行動を生み出せるだろうか？　相手と一緒に次なる行動への一歩を踏み出すということは、そんなにたやすいことではない。相手が真に興味や関心を抱いている課題に対して、どれだけ深く切り込んでいけるか。これが重要。そして、これこそがシナリオ力の三つ目のコンピテンシー、「提案力」なのだ。

実は、この提案力こそが、相手と一緒に次なる具体的な行動につなげることができるかを決定する重要なファクターであると言える。これは、２章で登場した「コミュニケーション・カンジンスキー」（59ページ）の図が示すとおり、シナリオ力に占める「提案力」の面積の大きさを見ても明らかだ。

例えば、ある営業提案のシーンをイメージしてみてほしい。今回の案件は複数社のコンペ。各社とも鼻息が荒い。クライアントの購買意思決定者や担当者への仮説検証のためのヒアリングだってバッチリ。事前の情報収集にぬかりはない。「今回のコンペはウチがもらった!」、みんなそう思ってコンペに臨む。ところが、実際にコンペを勝ち抜くのはその中の一社だけ。同じような情報収集を行ない、同じようにヒアリングを重ね、同じようにクライアントとビジョンを共有したにもかかわらず、コンペの勝敗が分かれるのはなぜか? それは、紛れもなく「提案力」の差なのである。

キーエンスは、売上高経常利益率が五〇パーセント超と、驚異的な利益率を誇るセンサー・メーカー。優良企業ランキングでは、毎年上位に食い込む常連だ。キーエンスの営業担当者は「自分たちは、顧客の言うことを聞かない」と言う。これを、文字どおりに「顧客の意見に耳を傾けない」と解釈するのは間違い。彼らは、「顧客のいうことを(そのままでは)聞かない」のである。顧客から「こんなモノが欲しい」と頼まれて、それをそのまま作って持っていくようでは芸がない。顧客の顕在化したニーズに応えるだけならどこの会社にだってできる。つまり、提案力に差は出ない。ところが、キーエンスの営業は顧客の話を聞きまくり、その先にある潜在的な欲求、すなわち、ウォンツを探っている。つまり、相手の期待を超え、相手の真の課題解決のために自分たちができることを、淡々と実践しているのである。

キーエンスは営業の強い会社である。つまり、「提案力」がある。そして、「提案力」のある会社は、ステークホルダーとのコミュニケーション・スキルに秀でている。営業力が強いことで有名なセブン‐イレブンを見ても、リクルートを見ても然りだ。こうした会社は「こんな製品があったら貴社のお役に立てる!」「こんな商品がお店に並んでいたら消費者に喜ばれる!」「こんなビジネス・モデルだったら、地域企業もお客様もWin‐Winになる!」と、取引先や顧客と一緒になって目的・ゴールを共有し、強力な提案力をもって、次なる行動を生み出し続けているのである!

02 「シナリオ力」を向上させるノウハウ・ドゥハウ

では、ここからは「シナリオ力」の三つのコンピテンシーを向上させるための具体的なノウハウ・ドゥハウを紹介していこう！　2章のテストで、「シナリオ力」が一二点未満のあなた。これまで見てきた三つのコンピテンシーの中で、特に強化すべき最低得点はどれだ？　左ページの図5—2でチェックして、それぞれの強化ドゥハウを参考にしてください。

①情報収集力が弱い！：相手が欲する情報を集めるのが苦手な人向け

では、これから「情報収集力が弱い」と思っているあなたに、日々コツコツと実践できる身近なノウハウ・ドゥハウを紹介しよう！

まずは、日頃から情報への感度を高めることが大事。常にアンテナを立たせておく。「情報収集が苦手です」という人に限って、実は情報収集をしていない。苦手なのではなく、していないだけなのだ。まずは、つべこべ言わずに情報の入り口を広げてみよう！

本や雑誌はもちろんのこと、インターネットやメールの普及で、以前とは比べ物にならないほど短い時間で多種多様な情報を収集できるようになった。本を読み漁る、雑誌を定期購読する。メルマガに登録する。ビジネス雑誌は自分で定期購読してほしい。日経ビジネス／ダイヤモンド／東洋経済の中の一冊は年間契約してほしい。日本経済新聞も会社で読まずに自宅で読んでほしい。まずは、定期的に情報が入ってくる状況を作ることが大切なのだ。ちなみに、HRインスティテュートでは、無料のメルマ

5-2 コンピテンシー設問分析(シナリオ力)

① シナリオ力

サンプル

1 **情報収集力** ⇒相手の関心を引き付ける情報を集める

2 **ビジョン共有力** ⇒相手とベクトルやゴールを共有する

3 **提案力** ⇒相手の真の課題解決につながる提案をする

○△×　2・1・0点

				1	2	3
2	9	相手の話から課題は何かを考えている	○		2	
1	10	相手の課題をモレなく整理している	○	2		
3	11	提案は1つのストーリーとなるように組み立てている	×			0
1	12	仮説をもって情報収集を行なっている	△	1		
2	21	相手の欲しい情報は何かを常に考え提供している	○		2	
3	22	相手の問題を一緒に解決するパートナーとなっている	○			2
1	23	会話のシナリオをもって話に臨んでいる	○	2		
2	24	提案は相手の言葉を使うことにしている	○		2	
1	33	相手の意思決定のメカニズムを確認している	○	2		
3	34	提案にはいつも説得力がある	△			1
3	35	相手の問題意識を喚起するような話をしている	○			2
2	36	相手の問題・課題を明確に指摘できる	×		0	
			合計点 ➡	7	6	5

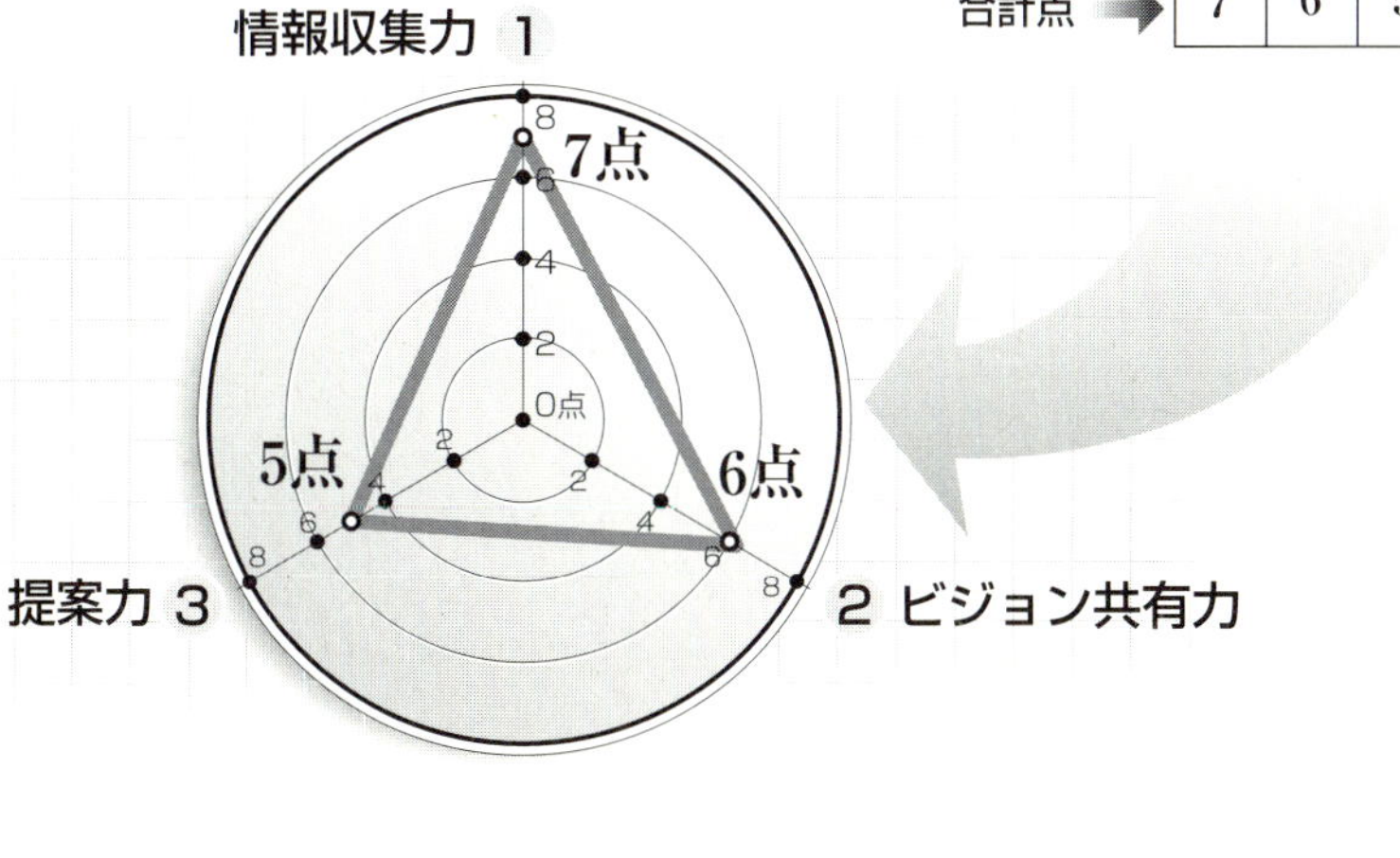

ガ「ビジョン・マガジン（通称ビジョマガ）」を配信中。早速、ホームページ（http://www.hri-japan.co.jp/）から登録してください！

また、情報を自分から発信し続けることも良いトレーニングになる。常に情報を発信し続けることで自分の中の情報が枯渇し、また新たな情報を欲するようになる。そして、また情報収集をする。このように、情報サイクルの善循環を作ることが大事だ。ブログという自分のホームページのようなものを作って日記や感想文を載せていくのも一つの方法だ。無料サイトはいくらでもあるから即、可能だ。情報発信の一つの大きなメディアに成長しうる。

先ほど、情報収集は相手軸で行なう、というポイントを述べた。どれだけ相手のことを良く分かっているか？　相手が本当に欲している情報は何か？　情報収集で最も大切なのは、自分軸ではなく、相手軸で考えること。自分が興味のある情報を集めるのではなく、相手が興味を持っている情報を集める。徹底的に相手側の視点で考える。「徹底的に」がポイントだ。

②ビジョン共有力が弱い！：相手との共通のゴールを描けない人向け

まず、現状を正しく把握する力を身につけよう。現状を知らずして、目指すべきビジョンを語るのは不可能だからだ。現状把握力を身につけるためには、客観的なファクト（＝事実）にこだわることが大事。単なる自分の思い込みや思いつきではなく、常にファクトをベースに議論・判断できるようにしたい。相手と同じ視点や目線で現状を認識することをビジョン共有の第一歩としよう。

次に、今から未来を考えるのではなく、未来から今を考えることを習慣化しよう。今から未来を見ようとすると、どうしても「どうやるか？」というＨＯＷに意識が行ってしまう。もちろん、ビジョン実現のためのＨＯＷを考えることも必要だが、まずはその前に「何をやるか？」というＷＨＡＴから考えるべき。今から未来を考えるということがＨＯＷを考えることなのに対し、未来から今を考えることはＷＨＡＴを考えることであると言える。より未来志向的な思考がWHAT思考だ。

昨年、二六二本のヒットを放ち、ジョージ・シスラーの持つ最多安打記録を八四年ぶりに塗り替えたシアトル・マリナーズのイチローは、「自分は一〇割打つことは可能だと考えている」という。少しでも高い打率を残すためにどうやるのか、つまり、HOWを考えるのではなく、一〇割を打つというWHATを決めて努力した結果が、二六二安打という数字なのだ。

コミュニケーションにおいて相手とビジョンを共有するためには、HOWではなく、未来志向でWHATを議論できるようでなければならない。

最後に、先のイチローの話にも出てきたとおり、ビジョンとは、より明確に、より具体的に描くようにしたい。ビジョンを絵に描いた餅や夢物語で終わらせないために、概念的に表現することは避ける。「一〇割打つ！」「来年は二八〇本を打つ！」といったように、できるだけ定量的に、できるだけ具体的なイメージが湧くようなビジョンを描くべき。具体性を伴わないビジョンを相手と共有することは難しい。会社の中だって同じだ。「精一杯頑張ります！」「極力、前向きに検討します！」「できるだけ早く取り掛かります！」曖昧な言葉のオンパレード。これでは、説得力に欠ける。「いつまでに」「何を」「どれだけ」「どうする」のか。ビジョンは、具体的に示すことによって、はじめて相手に正しく伝わり、共有されるものなのだ。

●トレーニング1：ビジョンシート

具体的なトレーニングとして、ビジョンシートを作ってみたらどうだろうか？

この一年、三年、五年、一〇年の自分のキャリア上のビジョンシートを作るのだ。年収も肩書きも入れて、そこへステップアップするためのコンピテンシーも入れてほしい。

③提案力が弱い！：最後の最後に相手の懐に飛び込み切れない人向け

提案力を高めるためには、そのことにコミットすることが大事。つまり、当事者意識や主体性を持つことが必要だ。消極的・受身的な提案と、積極的・

主体的な提案の差は歴然だ。提案力を高めるためには、誰かに頼るのではなく、自分自身の問題として正面から向かい合う勇気を持ちたい。

良い提案は、課題解決のためのあらゆる可能性が検討されている。固定観念や既成概念といった狭い枠に捉われた提案では、相手の理解や納得を引き出すことは難しい。提案をより高い視点や広い視点から行なうためにも、提案にオプション（＝選択肢）を用意することを習慣化したい。「これしかないです。このやり方でいきましょう！」という決め打ちのケースと、「やり方は大きく三つあります。A・B・Cの三つのオプションです。各々のメリットとデメリットは〇〇〇〇〇。そして、今回は×××××という判断基準によって、オプションBをお薦めします！」と幅広い選択肢から検討されたケースとでは、相手にとっての納得感が違う。前者は自分軸に捉われているが、後者はしっかりと相手軸が意識されている。

具体的なトレーニングは、このオプション思考だ。

●トレーニング2：オプション思考

いつも、どんな時にも「三つのオプションがあります！」と言い切ってしまうトレーニングだ。そして、その三つのオプションのプラスとマイナスを言う。そして、一つを選択し、その理由も述べる。これはP&Gがやっている方法だ。

これまでは、「論理力」の中の一つのスキルである「シナリオ力」について、その特徴である「情報収集力」「ビジョン共有力」「提案力」という三つのコンピテンシーに沿って述べてきた。続いては、「対話力」の中の一つのスキルである「伝える力」について述べていこう！

03 「話す」のではなく、「伝える」ことに集中しよう！

ここまでは、「シナリオ力」の三つのコンピテンシー、「情報収集力」「ビジョン共有力」「提案力」を見てきた。相手に心から信頼してもらい、課題や目的も共有し、相互理解のための土台は築けた。さぁ、いよいよコミュニケーションの三つのステージの大詰めだ！　ここからは、相手と次なる行動を生み出すために、自分が相手にどのように働きかけることができるか？　ということを意識することが重要。自分軸を意識した「伝える力」が必要になってくる。

「伝える力」に必要なコンピテンシーは大きく三つある。

①分かりやすい表現力：聞き手の理解を促進する簡潔で具体的な表現

②メッセージ力：相手に深い納得を促す発信力

③パワースピーチ力：相手の行動までをも変える発言力

の三つだ。では、一つ一つ見ていこう！

①分かりやすい表現力：聞き手の理解を促進する簡潔で具体的な表現！

通常、聞き手は話し手が期待しているほど人の話を聞いていない。だから、相手に自分の考えを伝えるときには、聞き手（＝相手）に理解のための負担をかけないように、伝え手自身が工夫を凝らさなくてはならない。会議や提案プレゼンなどにおいては、聞き手は貴重な時間を割いてその場にいる。部長・課長クラスにもなれば給与が高い分、機会コストだって相当なものだ。彼らは、当然、その生産性に見合う、あるいは、それを超える価値を期待して、それだけの時間を割いているわけであるから、伝え手にはその期待に応える義務がある。

聞き手は、話し手の話が「ん？　どういうことだろう？」と分からなくなった瞬間に、話を聞く姿勢が変わる。私たちはこうした状態を「会話で迷子になる」と呼んでいるが、人は迷子になった瞬間に聞くことへの集中力が途切れてしまう。聞こうとしなくなる。聞くことを止めた人は、やがて聴かなくなり、訊くこともしなくなる。これでは、コミュニケーションにおける最終ステージ、「次なる行動を生み出す」ことなどできるはずがない。これまでに築き上げてきた信頼や相互理解が台無しだ。

②メッセージ力：相手に深い納得を与える発信力！

相手と一緒に次なる行動を生み出すためには、相手に納得してもらうことが絶対に必要。互いに信頼し合い、相互に理解を深めながら、最後に納得してもらうことで、やっと次なるアクションにつながるのだ。HRインスティテュートでは、コミュニケーションにおける「メッセージ力」とは、相手に深い納得を与える「発信力」であると定義している。発信というからには、主体は自分軸で考えなければならない。そう、メッセージ力は自分軸で考えるのだ。

一般的に、優れたメッセージには次のような三つの特徴がある。まず一点目の特徴は、「本質が短い言葉で抉《えぐ》られている」ということだ。メッセージは長ければ良いというわけではない。むしろ、短くシンプルにまとまっていた方が聞き手にとっては理解しやすく、「なるほど！」と瞬時に納得できる。ダラダラと冗長なメッセージを投げかけたとしても「それで？」「結局、何が言いたいの？」と言われてしまうのが関の山。わずか一言のメッセージに、本質を凝縮させることが大事。

二点目の特徴は、「伝え手ならではの独創性がある」という点だ。誰にでも言えるメッセージなら、特に誰も驚かない。その人の口から発せられた言葉であるからこそ、「なーるほど！」の納得が生まれるのだ。ふとした瞬間に発せられるメッセージには、発信者の人間性が滲み出る。その人なりの価値観や物の見方や考え方が現れる。発信者への信頼や、その人間性に裏打ちされた独創性溢れるメッセージだからこそ、人の心を動かすのだろう。

最後の三点目の特徴は、「タイミングが良い」ということだ。メッセージはタイミングが命。その瞬間、瞬間で即判断！　即発信！　やはり、メッセージは即レスが基本だろう。相手の話を聞いて、あるいは物事や情報を捉えて、すぐにその場でメッセージを発する。そのタイミングの良さ、レスポンスの速さこそが、聞き手の「なるほど！」感を高めるのだ。

最近、ＴＶのトーク番組に「くりぃむしちゅー」「アンタッチャブル」「アンガールズ」など、お笑い芸人が引っ張りだこだ。彼らにはメッセージ力がある。一言でその「場」を掴む力を持っている。「北野武」「テリー伊藤」などもその典型だろう。ディスカッション番組などで、「つまり、こういうことだろう！」という自らの信念（？）や仮説（？）をタイミング良くズバリと切り出す。そうやって笑いを取り、周囲の納得を得る。

メッセージ力がある人は相手の心を動かすことができるので、相手との距離が一気に近づく。相互に納得が生まれる。次なる行動を生み出すまであと一歩のところに近づけるのだ。

③パワースピーチ力：相手の行動までをも変える発言力！

パワースピーチ力は、コミュニケーションにおける三つのステージの最終段階で必要になるコンピテンシーだ。先ほどの「メッセージ力」が相手に深い納得を与える発信力であると定義したのに対し、「パワースピーチ力」は、相手の行動までをも変える発言力であると定義される。つまり、「メッセージ力」が相手の心に訴えかけ、相手の意識を動かす力であるのに対し、「パワースピーチ力」は意識の先にある行動までをも変えることができる力なのだ。

とはいうものの、相手に行動変容を促すことはそうたやすくはない。相手と同じ視点や立場に立って、相手と同じ当事者意識を持つ。パワースピーチでは、自分の意見や思いをしっかりと主張する一方で、相手のことを考える懐の深さも要求される。つまり、パワースピーチは、3章で触れた人間力における いくつかのコンピテンシーと非常に密接な関係にあるわけだ。「ポジティブ思考」「誠実な姿勢」「モチベート」などがそれに該当する。

人間力のない人、つまり、日頃から相手と確固たる信頼関係を築くことができていない人は、パワースピーチができたとしても、相手の心の底からの納得を引き出すことはできないだろう。つまり、そこから先に何のアクションも生まれてこないのだ。

04 「伝える力」を向上させるノウハウ・ドゥハウ

では、ここからは「伝える力」の三つのコンピテンシーを向上させるための具体的なノウハウ・ドゥハウを紹介していこう! 2章のテストで、「伝える力」が一二点未満のあなたは、125ページの図5―3でチェックして、それぞれの強化ドゥハウを参考にしてください。

①分かりやすく表現することが苦手な人向け

まずは自分の気持ちに素直になってみて欲しい。「上手に話さなくては」「格好良く伝えなければ」という余計な力みによって、かえって言いたいことの本質が伝わらないということが多くはないだろうか。子供が書いた詩や作文を読むと、素直なことが一番伝わる、ということの意味が理解できるようになる。無邪気で他愛のない正直な言葉にこそ、その人の魂の本質が宿る。嘘や偽りのない本当にピュアな言葉だからこそ、ストレートに分かりやすく伝わるのだ。

次のトレーニングをドリル的にやってほしい。

●トレーニング1:箇条書きメモ

言いたいことを三つの大きな箇条書きメモにする。三つにこだわる。そしてそれを一つにまとめると……になる。というまとめも。

●トレーニング2:ロジックツリーメモ

今度はそれをロジックツリーにしてみよう。三階層だ。メインメッセージを最初に一つ。それを三つに分けて、さらにそれらを三つ、つまり全部で九つにメッセージを分けるメモを三分間で作るトレーニングだ。

②メッセージ力が弱いと認識している人向け

メッセージとは発信。自ら発信する機会を設けることなく、メッセージ力を磨くことなどできない。会議やミーティングに参加をしたら、必ず全ての議論に顔（口）を出す。まずは、こんな身近なところからはじめてみよう。会議やミーティングに参加しながらも全く何も発言しない人。「○○さんはどう思いますか?」と、自分に質問の矛先が向けられないとダンマリを決め込む人。メッセージは発信しない限り相手に伝わらないのだ。

次に考えるのは、その発信の仕方だ。まわりくどい状況説明から入り、冗長な説明を繰り返しても、聞き手は「?」になるだけ。メッセージ力を磨くには、まず結論から伝えることを習慣化すること。常に結論から伝え、簡潔にその理由や根拠を伝える。次のトレーニングをやってみてほしい。

●トレーニング3：キーメッセージメモ

ロジックツリーの応用だ。言いたいことをいくつか書いて、それをまとめる。そして、まとめたものを切れ味あるキーメッセージにコピーライトするメモを作るのだ。一つのメッセージに凝縮するトレーニングだ。

③人を動かすパワースピーチが不得意な人向け

日頃から要約するクセをつけよう！　他人の話を聞いたら、「この人が一番伝えたかったのは、つまり、○○○○○○」。本を一冊読んだら「この本のエッセンスは、一言でいうと××××××」。自分の話が少し冗長になったと思ったら、最後に「要するに、私が言いたいのは△△△△△△」。常にまとめる、常に要約する習慣をつけると、切れ味のあるスピーチができるようになる。後世まで語り継がれるような名スピーチは、どれも一文が短く、無駄なく要約されている。だから、切れ味が鋭い。瞬間に心に刻み込まれ、じわじわと心に染みわたっていくのだ。

次のトレーニングがおすすめだ。

5-3 コンピテンシー設問分析(伝える力)

② 伝える力

サンプル

1 分かりやすい表現力 ⇒聞き手の理解を促進する簡潔で具体的な表現
2 メッセージ力 ⇒相手に深い納得を促す発信力
3 パワースピーチ力 ⇒相手の行動までをも変える発言力

○△×　2・1・0点

			○△×	1	2	3
1	5	数字や客観的データを用いて話している	○	2		
2	6	相手が知りたいことに的を絞って話している	×		0	
1	7	体系的にものを考え話している	×	0		
1	8	話す目的を相手にはっきりさせてから話している	△	1		
2	17	相手の態度・表情・反応をよく見ながら話している	△		1	
1	18	相手の理解度を確かめながら話を進めている	△	1		
3	19	自分の思いを伝えるように話している	△			1
2	20	相手がポジティブになるような話し方をしている	○		2	
3	29	準備をしていなくてもアドリブで話ができる	○			2
3	30	自分の意見をはっきり伝えている	△			1
3	31	声が大きくてよく通る	○			2
2	32	相手の得になることを強調するような話し方をしている	×		0	
			合計点	4	3	6

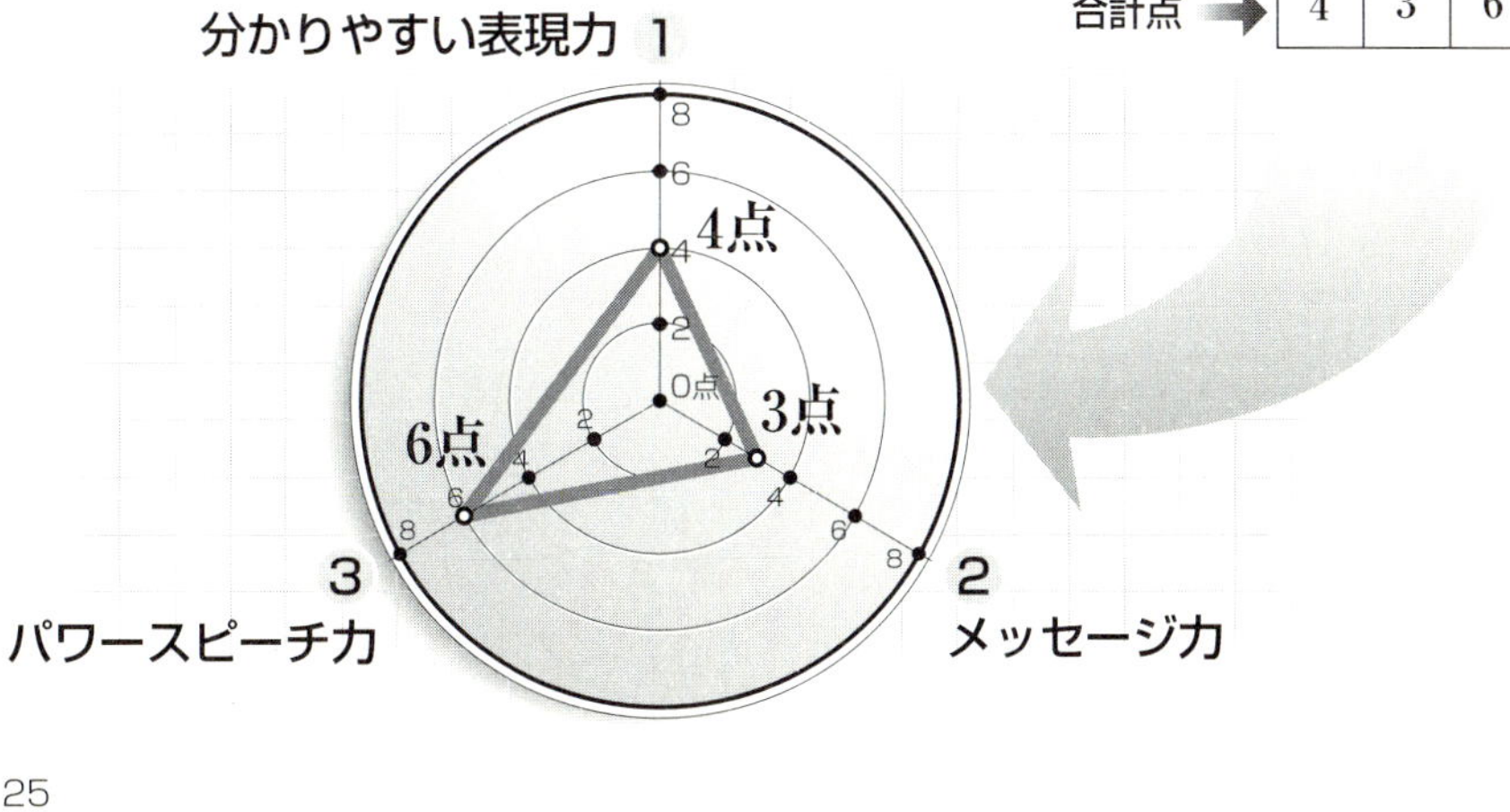

●トレーニング4：殺し文句メモ

あるシーンであるターゲット（具体的に）に対する殺し文句をメモにする。キャバクラのおネエちゃんでも、自分の娘の卒業式のお祝いのメッセージでもいい。

●トレーニング5：読書感想文エッセンスメモ

一冊の本を読んだら、それをたった一行のメモにする。凝縮して一行にするのだ。

実は、パワースピーチを身につけるには、もう一度「人間力」に立ち返る必要がある。パワースピーチとは、相手の行動までをも変える発言力のこと。相手と一緒に次なる行動を生み出すためには、相手と磐石な信頼関係が構築されていることが絶対に不可欠。「人間力」は自分軸の「自分パワーアップ力」と相手軸の「相手シナジー力」に分かれるが、「自分パワーアップ力」の中の「使命感」に基づき、「相手シナジー力」の「誠実な姿勢」で「モチベート」する。要するに、自分の信念や思いの丈を、誠実に心の底から相手のことを考えて、ともに動機づけあうこと。これこそが、コミュニケーションにおける最終ステージ、「次なる行動を生み出す」ために最も大切なことなのだ！

第6章

『言霊』――言葉に宿るパワーを活用しよう

communication

01 「ことば」の力――『言霊』とは深い納得である

言葉には「いのち」が宿っている

3章から5章までコミュニケーションの基本的なスキルをおさえてきたが、この章では、すべてのスキルの根幹をなす「ことば」について理解を深めていく。2章で紹介したコミュニケーションに必要な三つの力をもう一度ふり返ってみよう。三つの力とは、「人間力」「論理力」「対話力」だ。この三つの力は、「相手から信頼される」「相互に理解し合う」「次なる行動を生み出す」というコミュニケーションの各ステージに欠かせないものだった。これらを踏まえ、ここでは、三つの力、三つのステージをさらに掘り下げて、言葉の観点から捉え直してみたい。

めざすゴールは「言霊《ことだま》コミュニケーション!」。『言霊』、あやしい響きだ。言霊といえば一九九八年、サザンオールスターズのヒット曲に「愛の言霊」というのがあった。そのアルバムのサブタイトルは、スピリチュアル・メッセージ。ますますあやしい。

『言霊』とは、ことばに宿るいのちのことだ。日本の古神道、キリスト教、ヒンドゥー教、真言密教など、多くの宗教が言葉に特別な力を認めている。聖書には「太初にコトバあり、コトバは神と共にあり。コトバはすなわち神なりき、全てのものはこれよりてなる」とあり、言葉は神であるとしている し、ヒンドゥー教の「リグ・ヴェーダ」も造物主は言葉の主であるとしていて、神と一体化するためにマントラを唱える。真言密教も真言という言葉に神性があるとして真言を唱える。共通しているのは、言葉には神性があり、それを声に出すと自分の中に神の力が取り込まれると信じられたことだ。

「言霊コミュニケーション」は宗教とは関係ない。私たちの日常のコミュニケーションで交わされる言葉をいきいきしたものにしようということだ。何気ない会話の中に、なぜか心動かされる言葉、なぜか心に響く言葉がある。それが言葉に宿るいのち、『言霊』だ。『言霊』には、瞬時に相手とつながる、瞬時に相手に伝える、瞬時に相手を動かす力がある。言葉への理解を深め、一瞬にして深い納得を得る『言霊』を自分のものにしよう。

コミュニケーションの「構え」から「信頼される」言葉が生まれる

初夏のある朝、駅に向かう私の前をランドセルを背負った女の子が歩いていた。女の子には、両腕がなかった。しばらく歩いているとポツポツと雨が降り始めた。女の子は、道に座りこみランドセルを降ろした。足を使い、ランドセルの中から傘を取り出そうとしているが、なかなかうまくいかない。一瞬の間にさまざまな思いが私の中を駆け巡った。手伝うべきか、いや自分で何とかしようとしている彼女の自立心を尊重して立ち去るべきか。

結局、私は何もせずただぼんやり見ていた。彼女はなんとかランドセルを開け、傘を取り出し、去っていった。この出来事は私に少なからぬインパクトを与えた。なぜ声をかけることができなかったのか。私にはかけるべき言葉があったはずだと。何度も出来事を反芻し、言葉を探した。そして。ああ……。「手伝いましょうか」と聞けばよかったのだと気づいた。

英語で「May I help you?」。相手を尊重しながら、自分の思いを伝える言葉。相手とつながるために、相手につながる「扉」を叩く言葉だ。欧米人は、実に自然に「May I help you?」と言う。まったく見知らぬ人にも「May I help you?」と声をかける。私は、なぜあの女の子に声をかけられなかったのかを考えた。そして自分にはコミュニケーションの「構え」ができていなかったのだと気づいた。

コミュニケーションの「構え」とは、相手とつながる準備だ。コミュニケーションの「構え」のできている人は、とっさに必要な言葉が出てくる。「おはよう」「どうぞ」「元気?」「すみません」「手伝いましょうか」「私にできることはありませんか」。家族、同僚、上司、部下、顧客、友人、そしてきょう偶然出会うかもしれない人……。自分の人生のステージに登場する人たちと積極的につながろうとする気持ちが、コミュニケーションの「構え」をつくる。「構え」ができれば必要な言葉は自然と生まれてくる。

「暗黙の了解」「以心伝心」では伝わらない!

言葉が生まれたら声に出そう。どんなに深く考えていても言葉にしなければ相手には伝わらない。どんなに相手を思っていても言葉にして伝えなければ相手にはわからない。「暗黙の了解」は誤解のもと。「以心伝心」は離れ業。「言わないことは聞こえない!」。八〇歳を過ぎてから「僕はあのときキミのことが好きだった」なんて告白されても人生変えられない。「私も好きだったのに……」残念! 伝えなければつながらない。

よくある会社でのコミュニケーション。部下が上司に対し、「時間がなかったので……ですが……です」と仕事の報告をしている。上司は、「わかった。後は私が手を加えるからいいよ。お疲れさん」と答えてコミュニケーションは終了。

交わされている言葉はこれだけだが、二人の心の中では、それぞれ聞こえない言葉が語られている。部下の心の声は「急に仕事を振らないでほしい。もっと時間があればもっといいものができるのに。でも、自分はがんばったんだから、少しは褒めてほしい」。一方、上司の心の声は「時間の問題じゃないだろ。限られた時間の中でいかにクオリティを高めるかを考えるのが仕事。言いわけは聞きたくない」。語られた言葉と語られない言葉。この二つのギャップが心の距離をつくる。

語られない言葉は、それぞれの心の中で圧殺され捨てられていく。言葉の圧殺は、感情や思考の圧殺につながる。感情や思考を圧殺し続けると、状況を客観的に描写することはできるが、その状況に対して自分はどう考え、どう感じるかを語れなくなる。あなたの心の中は大丈夫？　語られない言葉の屍《しかばね》が累々と蓄積されてはいないか。言葉を声に出そう。相手から「信頼される」ために。そして健全な心のために！

相手にとっての言葉の意味を知る

毎日、何気なく使っている言葉だが、あなたが伝えようとしていることは本当に相手に伝わっているのだろうか。「日本人同士なら意味はちゃんと伝わっているでしょう」と誰もが思っている。が、本当にそうだろうか？

ある兄弟が母親の話をしていた。兄は「あのとき、おかあさんは僕たちを叱ったよね」と言い、弟は「そんなことないよ。あのとき、おかあさんは僕たちを励ましてくれたじゃないか」と言った。二人の話している「あのとき母親が言った言葉」とは、「がんばりなさい」だった。同じ言葉を聞いたのに、二人の中に残る記憶はまったく違っていた。なぜこんな違いが生じたかというと、兄はいつも母親から「がんばらなきゃだめでしょ。おにいちゃんなんだから」と叱られていた。弟はいつも「もう少しがんばってみなさい」と励まされていた。兄にとって「がんばりなさい」は、叱られたときの言葉。弟にとって「がんばりなさい」は、励ましの言葉だったのだ。

言葉は、経験により意味づけられる。ビジネスのシーンでも同様だ。例えば「会議」という言葉を考えてみよう。「あーあ、また会議か」と思うA君にとって会議とは「だらだらと取りとめもない話が続く無駄な時間」だ。「おっ、会議か」と思うB君にとって会議とは「新しい気づき、ひらめきを得られる場」だ。「よし、会議か」と思うC君にとって会議とは「スピーディに明確な結論が出る意思決定の場」だ。「会議」を定義してみれば、その人の会社の「会議」が見えてくる。あなたは「会議」という言葉から何を連想するだろう？

「会議」は、「会して議すること」。つまり、一つの場所に集まって議論することを表す記号だ。言葉には、誰もが了解する「記号」としての側面がある一方で、人により異なる「意味」としての側面があるのだ。

あなたの言葉には人を「動かす」パワーがある

高校生M君の話。彼は、大学でバイオの研究をしてみたいと思っていたが成績が芳しくなかった。そろそろ進路を決めなければと、担任のところへ進路の相談に行った。M君の話を聞いた担任の先生の言った言葉は「どんなにがんばっても、君はせいぜい○○大学がいいところだな」だった。M君は、いたくへこんで何もする気にならなかった。しばらくしてM君は、S先生のところに相談に行くことにした。S先生は、いつも親身に相談に乗ってくれる人だった。S先生はM君の話を聞いた後、静かに言った。「あなたの描いた未来は、あなたしかやる人はいません」。M君はこの言葉を聞いて「やるしかない！」と俄然、奮起した。そして、一浪はしたけれど念願の大学に入学した。

担任の先生とS先生、どちらの言葉もM君に対して大きな力があった。一方はやる気を失わせ、もう一方はやる気を引き出す力だ。言葉には人を動かす大きなパワーがある。どうせ使うならポジティブなパワーを発揮する言葉を使いたい。

「君なら大丈夫、きっとできる」と言われれば、なんだか元気が出て、「やれるかも！」と思えてくる。逆に「まあ、君には無理だろうね」と言われれば、気力が失せる。たった一言で人の気持ちは大きく変わる。言葉には人を動かす力があるのだ。

『言霊』とは瞬時に「伝わる」深い納得である

言葉には人を変える力がある。いのちと向き合う仕事をする医師は、自分の言葉がいのちにかかわってくる。患者にとって医師の言葉は重い。医師は自分の言葉の重みと向き合わねばならない大変な仕事だ。

ある小児病棟で、こんな会話が交わされていた。生まれたばかりの赤ちゃんの父親が、医師に話しかけている。赤ちゃんは、重度の障害をもって生まれた。「この子は自分の力で生きることができない。長く生きることもできないのになぜ生まれてきたんでしょうね」。しばらくの沈黙の後、医師は静かにこう答えた。「この子のような子どもは奇跡の赤ちゃんと呼ばれています。医学的な根拠はありませんが、私はこう考えます。この子はただご両親に会いたかったんじゃないでしょうか」。父親は赤ちゃんを見つめて涙を流した。

言葉が相手にとって深い意味を持ち、その場にふさわしく、かつその人の思いが込められているとき、言葉は言葉を超えて『言霊』になる。生きた言葉、その人の魂が入った言葉だから、相手の魂に触れることができるのだ。

02 言葉の力が人を動かす——あなたの組織の言霊チェック！

すべてYESという組織は、言霊度バッグン！いきいきした言葉でコミュニケーションができている言霊組織だ。一つもYESがない組織は要注意。組織をあげて言葉への取り組みを開始すべき！リーダー自ら自分の言葉を、思いを込めて語るべし。

言葉を大切にしている企業は、環境変化に強い。菱食という食品卸の会社があるが、ここの言霊文化はすばらしい。社員一人ひとりが、自分の言葉で自社を取り巻く環境について明確に語ることができる。経営企画や事業企画、マーケティング部門の人なら自社を取り巻く環境が語れてあたり前だが、菱食では、一般事務の人もシステムメンテナンスの人も業務に関係なく誰でもこれができる。

なぜ菱食の社員は自分の言葉で環境を語れるか？

それは、常にトップが、自分の言葉で環境を語っ

あなたの組織の言霊チェック

あなたの会社について、次の五つの質問に答えてみよう。

□会議では自分の言葉で意見を言うのが当たり前になっている
□リーダーの言葉はポジティブでエネルギーを感じる
□会社がめざす方向性が明確な言葉で共有されている
□役割、年齢、性別に関係なくよく使われる自社特有の社内言語が三つ以上はある
□創業者、トップ、リーダーの言葉が大切にされている

ているからだ。そして常に社員に問いかけ、語らせているからだ。自分の言葉で語ることにより、問題意識、危機意識、当事者意識が自然に身についている。これが、中抜きで厳しい立場に置かれている食品卸という業界の中にありながら、ゆるぎないポジションを維持する原動力となっている。

言葉を大切にする企業には、語られる言葉に含まれる価値を共有する文化がある。言葉には、組織で働く人たちを「つなぎ」、思いや考えを「伝え合い」、めざすゴールに向けて「動かす」力がある。

クレドという「言葉のちから」

英語、ドイツ語、フランス語、中国語、ヒンディー語、日本語……といった世界各国の言語にはそれぞれ、その国の文化や歴史がつまっている。同様に、組織の中で語られる言葉にはその企業の文化や歴史が凝縮されている。

一八八六年創業のジョンソン・エンド・ジョンソン（J&J）には、一〇〇年以上も語り継ぎ、守り続けている言葉がある。「我が信条」と呼ばれるこの言葉は、「我々の第一の責任は、我々の製品およびサービスを使用してくれる医師、看護師、患者、そして母親、父親をはじめとする、すべての消費者に対するものであると確信する。消費者一人一人のニーズに応えるにあたり、我々の行なうすべての活動は……（以下略）」という顧客への責任に始まり、第二の責任は社員に対して、第三の責任は地域社会&全世界の共同社会に対して、第四の責任は株主に対して語られている。

創業者の精神や経営哲学が額縁に飾られている企業は多いが、それが生きた言葉となって組織の中で語り継がれる企業は多くはない。J&Jの科学の祖と呼ばれているキルマー博士の言葉に「私たちの部門は単なるコマーシャル・スピリットに支配されるものではない。常に純粋に科学的探求に従事し続けながら、株主への配慮、会社の利益に終始せず、「アート　オブ　ヒーリング（医術）」の進歩のために貢献するものである」というものがある。「我が信条」は、時代や市場が変わっても、その時々のリーダーが自分の言葉で語り継いでいるのだ。

リッツ・カールトンも「我が信条」を一〇〇年以上守り続けている会社だ。言葉が言霊となって組織の隅々まで行き渡っている。リッツの「我が信条」は、「クレド」と呼ばれる三つのパラグラフからなる次のような文章で表されている。

「リッツ・カールトン・ホテルは、お客様への心のこもったおもてなしと快適さを提供することをもっとも大切な使命とこころえています。

私たちは、お客様に心あたたまる、くつろいだ、そして洗練された雰囲気を常にお楽しみいただくために、最高のパーソナル・サービスと最高の施設を提供することをお約束します。

リッツ・カールトンでお客様が経験されるもの、それは、感覚を満たすここちよさ、満ち足りた幸福感、そしてお客様が言葉にされない願望やニーズを先読みしておこたえするサービスの心です」。

リッツは、「クレド」を社員一人ひとりの生きた行動とするために、従うべき行動規範を「二〇のベーシック」として共有し、毎日一つずつミーティングで取り上げ、話し合っている。毎日、自分の経験を伝統の言葉と照らし合わせて語ることにより、言葉が自分のものとして体に沁みこんでいく。一人ひとりの一つひとつの経験が日々語られることにより、「クレド」はいのちを吹き込まれ、一〇〇年以上も色あせることなく生き続けている。

「言葉のちから」が組織を元気にする！

組織が共有する言葉を見るとその組織の価値観がわかる。セブン‐イレブンが毎週やっているFC会議では「仮説」という言葉が飛び交う。現場で、どんな仮説がどう検証されたか。「仮説を立ててそれを検証することが一人ひとりの仕事」という価値観が、徹底的に共有されている。

トヨタでは「改善」。トヨタ生産方式の生みの親は大野耐一氏だが、大野氏の弟子のエピソードにこんなものがある。ある日、彼が工場に来ると、壁に改善前、改善後という写真が貼ってあった。それを見た彼は、急に怒り出し、改善前の写真を剥がし、びりびりと破ってこう言った。「そんなものはいらん！　改善後を改善しろ。改善にゴールはない」。またある人は、上司に「お前はそこに立っておれ。二〇回も見ておれば一つくらい改善点が指摘できる」と言われた。言葉は繰り返し使われることでパワーをもつ。トヨタには、先輩が後輩に言葉を「伝えきる」文化がある。「トヨタウェイ」は一人が一人に伝えきることで維持されてきたのだ。

トップだけではない、リーダーだけではない。トヨタでは、すべての社員が自分が受け継いだ『言霊』を次の世代に伝え続けている。「改善」はもっともシンボリックな言葉だが、改善以外にも「ムダとは何か。業務に必要な時間を削れというのは労働強化だ。ムダを排するとは、価値を生んでない時間を削るということだ」のように、言葉を通してトヨタの価値観、トヨタの哲学を伝えている。巨大な組織でも、一人が一人に伝えきれれば、共通の価値観でつながる元気な組織がつくれるのだ。

組織を甦らせるリーダーの『言霊』とは？

トヨタが組織的に言霊パワーを活かすすごい会社なら、リーダーの言霊パワーで組織を変えるすごい会社もある。日本電産という会社だ。コンピュータのハードディスク用スピンドルモータで世界トップシェアの会社だが、モータよりもＭ＆Ａで経営不振企業を次々に甦らせた企業として有名だ。買収企業の業績回復というと、ばっさり人を切って利益体質にというのが常套手段だが、日本電産の永守重信社長は、人員整理は基本的にしない。「一人の天才より一〇人のガンバリズム」がモットーだ。

これまで多数の企業をＭ＆Ａで傘下に収めたが、どの企業も、見違えるように活気のある会社になった。そして、もちろん利益の出せる会社となった。永守社長がリーダーになると、社員に「どうしても利益を出す！」という執念が芽ばえるのだ。企業のトップなら誰もが知りたい「社員のやる気を引き出す方法」を永守社長の言葉から探ってみよう。

二〇〇三年一〇月、日本電産の二三社目のM&A先、三協精機製作所本社体育館。最高顧問として着任した永守社長の訓示が、三協精機の役員を含む全社員を前に、はじまっている。「(前略)……今から申し上げる話は非常に、耳に痛い話になると思います。今まで経営してこられた経営陣には特に耳に痛い話だと思いますが、私は決して、評論家としてここへ来ているわけではありません。この会社をきっちり利益の上がるいい会社に変えようという決意でここに参っております。……(中略)……責任をもってこの会社の再建に総力を挙げる。まずその気持ちを冒頭にお伝えしておきます」。

永守社長の話は続き、中盤となった。「……最初のころの日本電産コパルは一二〇〇万円使っていましたから、それに比べたら二〇〇万円少ないです。日本電産では四四七万円しか経費を使っておりません。半分の経費で一〇〇〇億円の売上を上げれば、それだけですでに五〇億円。これらだけで、この二年間の赤字は完全に黒字になる計算になります。いま三協精機が抱えている問題は極めてシンプルです。モノを高く買っておりますから安く買えばいいわけですね。モノを安く売っていますから、どうすれば一円でも高く売れるか考えなきゃいけない……」。

そして、訓示は終盤に向かった。「私は一人の天才を求めていません。一人の百歩より、一〇〇人の一歩というのが私の経営の方針です。みんなの力を結集してこの会社をいい会社に変えていくというのが経営手法です。一番の問題は中途半端です。……(中略)……残るなら、徹底的にやってもらう。いやなら辞める。しかし、どうもよくわからんと、(そういう姿勢で)会社にいるんだったら、今申し上げたように一年間だけだまされたつもりで行動していただきたい。再建は時間をかければ疲れます。短期でやりたい。一年が勝負です。やるからには全力を挙げてやる。私も全力でやります。皆さんも真剣にやってほしい。もたもたしているともう時間がありません。実行するのみです。それを高い壇上ではありますが、お願いしておきます」(『日本電産永守イズムの挑戦』日本経済新聞社編より)。

訓示から一年半、二〇〇五年二月二日の日本経済新聞朝刊の見出しには「三協精機　経常益八五億円に拡大　今期、四年ぶり黒字」の文字。記事にはこう書かれている。「三協精機製作所は一日、二〇〇五年三月期の連結経常損益が八五億円の黒字になる見通しだと発表した。日本電産の傘下となった二〇〇三年一〇月以降進めてきたコスト削減など経営再建が奏功し、経常損益の四年ぶり黒字回復がほぼ確実になった」。

永守社長の言葉に戻ろう。永守社長の言葉にはエネルギーが満ちている。気負いも躊躇《ためら》いもなく、平易な言葉の中に強い意志と思いが込められている。「これぞ言霊!」だ。冒頭の言葉からは、誠実さと使命感が伝わってくる。聞き手は「この人なら信頼できる!」と思っただろう。中盤には、本質を突くメッセージが客観的な言葉で語られている。聞き手は「なるほど。確かにそういうことだな」と納得させられる。そして終盤は、パワフルに、ポジティブに行動を促す言葉が語られている。聞き手は「一緒にやってみようか」という気持ちになる。

瞬時に相手を深い納得に導く言霊のパワーがみごとに炸裂している。冒頭で「信頼され」中盤で「理解し合い」終盤で「行動を生み出す」言葉がしっかり語られている。先述のコミュニケーションの三つの目的のための、納得の三つのステージだ。思いのある生きた言葉には、人の心を動かし、行動を変え、組織の成果を変える力があるのだ。

Communication

03

「言葉の力」を鍛える
——言霊を自分のものにする

「信頼・理解・行動」の言葉を磨く

『言霊』とは、瞬時に伝わる深い納得だ。相手を深く納得させるために必要な三つの力が「人間力」「論理力」「対話力」。三つの力の素となるのが言葉である。それぞれの力には、こんな言葉のスープがミックスされている（図6—1）。

・「人間力」：使命感を伝える言葉、本質を探究する言葉、ポジティブな言葉、誠実さを伝える言葉、幽体離脱の言葉、モチベートする言葉
・「論理力」：論理的な言葉、仮説を検証する言葉、計画を促す言葉、心を込めて聴く言葉、質疑応答の言葉、クリエイティブな言葉
・「対話力」：事実をベースにした言葉、ビジョンを伝える言葉、提案する言葉、わかりやすい言葉、メッセージを伝える言葉、パワフルな言葉

そして、それぞれの言葉をコミュニケーションのステージごとに具体的な例で見てみると図6—2のようになる。

ここでは、三つのステージのそれぞれの目的、
① 相手に瞬時に「信頼される」
② 相手に瞬時に「理解し理解される」
③ 相手に瞬時に「行動を生み出す」
を念頭に「言葉の力」を鍛えるトレーニングをやってみよう。

「信頼される」言葉のトレーニング

相手に瞬時に「信頼される」言葉とは、誠実さが

6-1 コミュニケーション力に必要なスキル&コンピテンシーと言葉

1 「人間力」に必要なスキル&コンピテンシー

◇**使命感**：目的に当事者意識でコミットする　→　**「使命感を伝える」言葉**
◇**本質探求力**：「らしさ：自分WAY」を生む　→　**「本質を探究する」言葉**
◇**ポジティブ思考**：困難に向かう強さを生む　→　**「ポジティブ」な言葉**
◇**誠実な姿勢**：優劣なく相手を尊重している　→　**「誠実さを伝える」言葉**
◇**幽体離脱**：共有できる意義を見つけ出す　→　**「幽体離脱」の言葉**
◇**モチベート**：共有時間・場の価値を高める　→　**「モチベートする」言葉**

2 「論理力」に必要なスキル&コンピテンシー

◇**フレームワーク思考**：会話の次元をそろえて全体を掴む　→　**「論理的」な言葉**
◇**仮説検証力**：互いに共有できる本質を探る　→　**「仮説を検証する」言葉**
◇**プランニング力**：行動を生む構造を作り出す　→　**「計画を促す」言葉**
◇**心聴力**：相手の抱えている課題に集中する　→　**「心を込めて聴く」言葉**
◇**問答力**：相手の中から共有できる本質を引き出す　→　**「質疑応答」の言葉**
◇**創発力**：相手と互いの価値を導き出す　→　**「クリエイティブ」な言葉**

3 「対話力」に必要なスキル&コンピテンシー

◇**情報収集力**：相手の関心を引き付ける情報を集める　→　**「事実」をベースにした言葉**
◇**ビジョン共有力**：相手とベクトルやゴールを共有する　→　**「ビジョンを伝える」言葉**
◇**提案力**：相手の真の課題解決に繋がる提案をする　→　**「提案する」言葉**
◇**わかりやすい表現力**：聞き手の理解を促進する簡潔で具体的な表現　→　**「わかりやすい」言葉**
◇**メッセージ力**：相手に深い納得を促す発信力　→　**「メッセージを伝える」言葉**
◇**パワースピーチ力**：相手の行動までをも変える発言力　→　**「パワフル」な言葉**

「人間力」「論理力」「対話力」を言葉から考えてみよう！

6-2 コミュニケーション・ステージと言葉（例）

	人間力	論理力	対話力
信頼（ステージ1）	◆誠実さを伝える言葉 ～相手を尊重する言葉 「1年前あなたが実現したいと言っていたことがようやく叶ったね」 ◆使命感を伝える言葉 ～けっして逃げない当事者意識を表す言葉 「‥については、私の責任で‥‥までに‥‥します」	◆心を込めて聴く言葉 ～相手の課題に集中する言葉 「‥‥と‥‥について、もっと詳しく聞かせてください」 ◆論理的な言葉 ～全体を掴む言葉 「つまり、‥‥と‥‥という事実から‥‥であると言えるのですね（言えます）」	◆事実をベースにした言葉 ～関心を引き付ける情報を含む言葉 「あなたが追いかけていた○○についてこんなデータを見つけました」 ◆わかりやすい言葉 ～理解を促す簡潔で具体的な言葉 「あなたの好きな車に置き換えるとアクセルとブレーキのようなものです」
理解（ステージ2）	◆幽体離脱の言葉 ～共有できる意義を見つける言葉 「顧客の視点に立って改善策を考えてみましょう」 ◆本質を探究する言葉 ～ポリシー、価値観にもとづく言葉 「諦めなければ、必ず解決策はみつかります」	◆仮説を検証する言葉 ～本質を探る言葉 「この事実から‥‥ということが言えるのではないでしょうか」 ◆質疑応答の言葉 ～本質を引き出す言葉 「‥‥という観点で考えてみるとどうでしょう／‥‥を前提に考えると‥です」	◆ビジョンを伝える言葉 ～ゴールを共有する言葉 「私たちはトップシェアをめざしているんじゃない。未来の子どもたちに青い空を残すことをめざしているんだ！」 ◆メッセージを伝える言葉 ～納得を促す言葉 「組織が何をしてくれるかではなく、私たちが今何をすべきかを考えよう！」
行動（ステージ3）	◆ポジティブな言葉 ～ポジティブに立ち向かう言葉 「制約は制約として、今私たちにできる‥‥からはじめましょう」 ◆モチベートする言葉 ～場の価値を高める言葉 「これは新しい価値を生むためのミーティングです」	◆計画を促す言葉 ～行動を生む構造をつくる言葉 「‥は3つのステップで、各ステップを‥‥の体制で‥‥までにやりましょう」 ◆クリエイティブな言葉 ～価値を導き出す言葉 「なるほど、では視点を変えて‥‥という見方はできませんか」	◆提案する言葉 ～課題解決を提案する言葉 「解決策は複数ありますが、より本質的で現状に即した解決策は‥です」 ◆パワフルな言葉 ～行動を変えるパワフルな言葉 「私はなんとしても‥‥を‥‥に役立てたい。私たちにはそれができる！」

コミュニケーション・ステージごとに使われる
具体的な言葉を考えてみよう！

伝わる、使命感が伝わる、心がこもった聴き方になっている、論理的に全体を掴んでいる、事実をベースにしている、わかりやすい表現になっていることが必要だ。つまり、「相手を尊重し、相手の立場に立って、相手の言葉を聴ける」ということと、「自分の考えを持ち、自分の言葉で語れる」ということだ。

一言で言うと「しっかり受け止め、はっきり語る」となる。

そこでまず、相手の言葉を「しっかり受け止める」トレーニングをやってみよう。

●トレーニング1：意味・思いを汲み取って自分の言葉で表現する

次のシチュエーションを読んで、相手が言った言葉の意味、言葉にこめられた思いを汲み取り、それを自分の言葉で表現してみよう。

～ある異業種交流会で～

あなたは、ネットワークを広げるために異業種交流会に一人で参加した。はじめての経験で、場慣れしていないあなたのところに、ひとりの男性がにこにこしながら近づいてきた。名刺交換をすると、Xさんはこんな話をした。「上海で会社をはじめてようやく三年経ちました。海外赴任で上海に行って(希望して行かせてもらったんですけどね)やはり中国はおもしろいと思いました。なんと言っても活力が違う。時代が動いているのが肌でわかるんです。毎日が変化の連続です。リスクも大きいけどチャンスも大きい。勤務していた商社から日本に帰ってこいと言われたとき、ものすごくがっかりしました。だって、こんなおもしろい経験は二度とできないと思ったから。中国に残ってビジネスをやりたい！　と強く思って、会社にもやらせてくれって言ったんですけどね。だめでした。それで会社を辞めて起業したんです」

さて、あなたはどんな言葉をXさんに返しますか？

これは相手の言葉を受け止めるトレーニングで

す。「ほう、そうですか〜」で終わらないで、Xさんのお話、しっかりお聞きしましたというニュアンスを伝えられるように、Xさんの言葉の意味・思いを汲み取って自分の言葉で表現することが大切。

例1「そうですか。上海はXさんを日本に帰さないくらい魅力的なんですね。それにしても、外国でしかもひとりで会社をやるのは相当勇気が必要だったんじゃないですか」

例2「中国はダイナミックに変化していておもしろそうですね。Xさんは、安定よりも変化を取られたわけですが、会社という後ろ盾なしでビジネスを始めるのは不安じゃなかったですか」

例3「Xさんはチャレンジするタイプなんですね。独立起業というチャレンジと中国という難しい市場でのチャレンジという二重のチャレンジですね。大変な三年間だったのではないですか」

など、心を込めて誠実に相手の言葉を受け止めよう。

「信頼される」トレーニングのパート2は、「はっきり語る」だ。相手の言わんとしていることをしっかり受け止めたら、今度は自分の考えや自分自身について、自分の言葉で、はっきり語れるようになろう。

●トレーニング2：自分のことを自分の言葉で表現する

引き続きトレーニング1のシーンをイメージして、今度はXさんに対して自分を紹介する言葉を考えてみよう。Xさんと信頼関係が築けるように、自分について事実にもとづいて、わかりやすく伝えてみよう。

Xさんは、中国での三年間をさまざまなエピソードを交えて興味深く話してくれた。話を聴くうちに、Xさんはあなたと同じ二九歳であることがわかった。あなたはXさんに親近感を抱くとともに、翻って自分の三年間はどうだったのかと考えてみた。そんなあなたの様子に気づいたXさんが、あなたに訊ねた。「○○さんはどんな仕事をされているんですか。差し支えなかったら聞かせてください」。

さて、あなたはどんな言葉で自分のことを紹介しますか？

これは自分のことを自分の言葉でしっかり話すトレーニングだ。「僕はエンジニアです」で終わってしまうと話が続かない。Xさんがあなたに興味を引かれるように、もっとあなたのことを知りたくなるように、具体的なエピソードを交えながら話してみよう。

例1「僕は化粧品メーカーでアンチ・エイジング商品の研究開発をしています。僕がこの研究をはじめたきっかけは、大学生のとき、あるドキュメンタリー番組で人の何倍も早く年を取ってしまう子どもたちがいることを知ったことです。僕は医療分野ではないから医学的に老いを止めることはできないけれど、化学的に皮膚細胞の老化を遅らせることができるのではないかと考えたんです。老いは誰にでもやってくるけど、それが少しでも緩やかで美しいものになるようにと考えて研究してるんです」

例2「僕は以前はSEをやってましたが、一年前、生命保険会社に転職しました。なぜ突然営業マンになったかというと、たまたま出会った生保の営業マンの話が心に響いたからです。彼は障害のあるお子さんをもったご両親に保険を設計したときの話をしてくれました。一人ひとりの人生をそこまで深く考えてあげられる仕事だったら生涯をかけてもいいなと思って転職しました」

自分は何を大事にしているのか率直に自分を表現してみよう。どんなことをやっているかも興味深いが、なぜその仕事を選んだのかを語ると価値観が浮き彫りになる。

「理解し理解される」言葉のトレーニング

相手に瞬時に「理解し理解される」言葉とは、幽体離脱、本質探求、仮説検証、質疑応答、ビジョンを伝える、メッセージを伝える言葉だ。つまり、「客観性がありメッセージ性のある」言葉にするということだ。

ではまず、「客観的に伝える」トレーニングをやってみよう。

●トレーニング3：客観的な言葉で伝える

自分が経験したできごとを、まったく状況を知らない人が「なるほど」とわかるように客観的に伝えてみよう。

あなたは「業務プロセス改革プロジェクト」のメンバーとして、定期的にプロジェクト会議に出席している。きょうは、前回の宿題だった「業務効率の抜群にいい他の会社を調査した結果」を発表することになっている。

さあ、あなたはどんなふうに他のメンバーに伝えますか？

これは客観的な言葉で伝えるトレーニングだ。だらだらと取り留めない言葉の羅列にならないように、聞き手が聞きたいことから話そう。

例えば「○月○○日、×××株式会社の□□部長に話を聞きました。このインタビューでの一番のファインディングは、一人ひとりが主体的に動ける業務プロセスを考えよ！　ということです。×××株式会社が具体的にどのような取り組みをしているかを大きく三つのポイントに絞って述べます。まず一つ目は……、そして二つ目は……、三つ目は……です。つまり、×××株式会社は、権限と責任を明確にすることによって、一人ひとりが主体的に動ける業務プロセスを実現しています」

報告ならいつ、誰が、どこで、何を、どうしたかをしっかり伝えること。提言なら結論と根拠を明確に伝えること。そして、根拠は、事実、法則、予測、推測、想像という情報の信頼性のレベルをしっかり認識して、できるだけ事実をベースに話すことを心がけよう。

「行動を生み出す」言葉のトレーニング

相手の「行動を生み出す」言葉とは、ポジティブ、モチベートする、計画を促す、クリエイティブ、提案する、パワフルという特性をもつ言葉だ。つまり、「インパクトがあり相手に響く」自分の言葉にするということだ。

ではまず「インパクトのある言葉」のトレーニングをやってみよう。

●トレーニング4：インパクトのある言葉を探す

次のシチュエーションを読んで、あなたならどんな言葉をかけるかを考えてみよう。

部内会議で、部長から「なぜ決めたことができないのか！」と雷が落ちた。雰囲気は最悪。誰もが下を向いて貝のように押し黙っている。部長が怒っているのは、二ヶ月前の会議で週一回のペースで情報共有の勉強会をやろうと決めたのに、集まる人はパラパラ、いつの間にか実施も週一回が月に一回に減ってしまった。

さあ、あなたはどんな言葉でこの雰囲気を変えますか？

例えば「私もここ数回は欠席がちでした。なぜ欠席してしまうかを自分なりに考えてみました。それは私がこの勉強会に責任を感じていなかったからだと思いました。どうしてもやり続けよう、いいものにしようという気持ちがなかった。私だけでなくこの勉強会に責任を感じる人がいなかった。この勉強会をやろうというのは、みんなで決めたことです。勉強会をやることに意味があると思ったからやろうと決めたのだから、優先順位を高めてやっていきませんか」。

ポジティブでシンプルな言葉を自分の意志をこめて語ると言葉はインパクトをもつ。

「行動を生み出す」トレーニングのパート2は、

「相手に響く」言葉だ。相手の立場に立って、相手の心を動かす言葉を考えてみよう。

●トレーニング5：相手に響く言葉を探す

次の言葉を相手に響く言葉にしてみよう。
・時間を有効に使うべき
・ポジティブに考えるべき
・スピードが大事
さあ、あなたはどんな言葉にしますか？

例えば「時間を有効に使うべき」は、「時間は誰にも平等に与えられている大事な資源。これをどう使うかは自分の責任。時間の使い方で成果は大きく違ってくるのだから効果的に使わないともったいない」。「ポジティブに考えるべき」は、「自分はだめだと考えて生きるのも、自分は大丈夫と考えて生きるのも自由。どっちが楽しいか、どっちが気持ちいいかと考えたらポジティブに考えた方がいいのではないでしょうか」。「スピードが大事」は、「まずは完璧を求めずスピード重視で仮説を立てて、それを検証するようにすると、全体像がつかめるから安心して進めることができる」など。

相手に響く言葉とは、相手が自分のこととして受け止められる言葉だ。

言葉のトレーニングは、毎日のコミュニケーションで意識的に行なうことが一番だ。心がけるべきは、常に相手を見つめ、自分の心からの言葉を語ることだ。これを続けていれば、いずれ言葉は単なる言葉ではなく、いのちをもった『言霊』になる。

次章では、言葉ではなく、身体とコミュニケーションの関係性を見てみよう。言葉自体を響かせるためにも、身体を開放させることが大切なのだ。

第7章

「身体を使う」——言葉にしなくても伝わるメッセージ

communication

01 身体そのものから発するメッセージを意識する

コミュニケーションのベースは「響き合う身体」

コミュニケーションでは、言葉と同様、あるいはそれ以上に重要だといえるのが、コミュニケーションする「身体」である。言葉は人間が猿から進化する過程で、相互意思伝達の手段として身についてきたものであり、それまでは人間でさえ言葉でのコミュニケーションはなく、身体を使ったコミュニケーションが主だった。生まれた赤ちゃんが母親を始めとする他者ととる最初のコミュニケーションは、「泣くこと」。これも言葉というよりは、身体を使って出す「音」であり、「波動」だ。息を吸い込み、お腹に力を入れて、一気に喉を震わせる、顔をしかめる、涙腺から涙を出す。身体を使ったコミュニケーションは、きわめてプリミティブ！　ベーシック！　そして人間の本質である。

日本語には、身体を使った言葉が多い。「頭に来る」「肝に銘じる」「腹をくくる」「腹が据わっている」「目を光らせる」「腑に落ちる」など、特に自分の意識やコミュニケーションにおいての表現では、世界のどの言語よりも身体を使った表現が多いそうだ。

武道の世界では、「心技体」のバランスが、「三位一体」として重要とされている。武道は自分の身体を通しての相手とのコミュニケーション。「心」とは人間力、「技」とはコンピテンシー（能力）、「体」とは基礎となる響く身体。人間力の備わった心に、コミュニケーションの技が身につき、そして表現する身体に宿るというものだ。

「打っても響かない」コミュニケーションが増えている

ある時、某大企業の出勤風景を何気なく見ていた時、不可解な感じがした。守衛さんが一人入り口に立って、次々とそのビルに入っていく社員に対して、会釈をしながら「おはようございます！」と声をかけている。前を通り過ぎる社員はどんどん扉の中に吸い込まれていくが、誰ひとりとして、挨拶をしている守衛さんに返事をする者がいない。挨拶どころか目も合わせずに黙っている。まるで、その守衛さんの存在そのものに気づかない、あるいは無視しているかのようだ。

この状態では守衛さんと社員との間になんらコミュニケーションは存在しない。守衛さんの声が小さかったわけではない。守衛さんの声は、社員の耳には届いている（はずである）。しかし、身体まで届いていない。身体が響いていないのだ。相手がいくら大きな声を出そうが、受け手の身体が響かず、反応しなければ何らコミュニケーションが発生しないのだ。

身体が響かないコミュニケーションは、最近至るところで見かけられる。例えば、コンサルティングの現場でも同じようなことがある。「この意見に賛成な人？」と尋ねると、手を挙げる人がパラパラ。一方、「では反対の人？」でも手を挙げる人数はパラパラ。じゃあ……残りはどっちなんだ！　と聞きたくなる。どちらかの意見はあっても手が挙げられない。意識が身体まで響かないからだ。コミュニケーションにおける「言葉」は重要だが、言葉と同様に重要なのが、「身体」である。身体は正直だ。身体は言葉とは裏腹な意識をすべて表すのだ。

コミュニケーションは、相手との共感である。「共に感じ合う」というのは、単に相手の感情を理解するだけではない。感情を理解するのは、単に頭や心の動きだけでしかない。

コミュニケーションがうまく行っている状態を「打てば響く」という。つまり、投げかけに対して、反応がいいことだ。反応は身体全体。コミュニケーションの達人たちは、打てば響く身体を持っている。一方、無反応で相手の言うことに共感しない響かない身体では、他者とのつながりは薄い。

つまり、コミュニケーションはコミュニケーション・スキルだけを身につければ、うまくなるものではなく、日頃からコミュニケーションできる土台、つまり身体づくりが必要なのである。

身体はその人の真の感情、生き様、価値観を映す

「ありがとう」。その言葉自体は、感謝を現している。言われた側は普通なら、ほのぼのとしたいい気持ちになるはずだ。しかし、不機嫌な顔で「ありがとう」を言われたら？　相手に感謝の念は伝わらない。逆に、何か不満を押し殺して、ただ口先だけで言われているのだろうと勘ぐる。「ありがとう」と言われたのに、不愉快な気持ちになるのだ。

言葉は、発せられて初めて相手に届く。感情がともなっていようが、いなかろうが、とにかく口に出して言うことはできる。

しかし身体は存在しているだけで、その人の本当の感情、生き様、信念、感情を映し出す。「目つき」、「姿勢」、「身のこなし」が、いやがおうでも、その人の人生を物語ってしまうのだ。武道や踊りをやっている人は、姿勢がいい。変に力が入っていない自然体な立ち方。それでいて隙がない。

二〇〇五年一月に公開された映画『カンフーハッスル』。香港のスター、チャウ・シンチーが監督・製作・脚本・主演をつとめたカンフーアクションエンタテインメントムービーだ。主人公はチャウ・シンチー演じる街のチンピラ。相棒とコソ泥を繰り返す負け犬だ。カンフーの腕前は最低。度胸なく、身なりも薄汚く、髪もボサボサ。絡んだ相手の目も見られない。とにかく弱い！　しかし、彼はあることをきっかけに、自らのカンフーの才能に気づく。ある貧民街の住民を守るために、カンフーの達人と向かい合った彼は、ただ存在しているだけで相手を圧倒した。身体は力を抜いた自然体の立ち姿、目だけは相手を見据え、誰も使うことができない技で相手を圧倒した。一人の人間をそこまで変えることができたのは、その身体に宿る自信と自分を信じる力

だ。その意識がみなぎったとき、悪党に相対した主人公の身体は変化した。

ビジネス・コミュニケーションは、自分の考えを相手に伝え、納得してもらい、実行に移すようにしてもらうことが目的。そのためのスキルのベースになるのが人間力であることはすでに述べた。人間力は黙って立っているだけでも身体を通して滲み出る。貴方の身体から発している人間力はどんなものか、等身大の鏡に映して自分をじっくりと観察してもらいたい。黙っていても、身体は自分の生き様を映し出す。相手とコミュニケーションするために第三者から自分がどう見られたいのか、きちんとマネジメントするべきである。

「体霊」を意識し、相手の心に響く身体をつくる

これまでの章で、コミュニケーション力の構造体系（コミュニケーション・カンジンスキー）において、「人間力」「論理力」「対話力」を三つのコミュニケーション力として考えてきた。身体を使ったコミュニケーションは、このうち人間力、対話力に関係してくる。

残念ながら、身体で論理力（ロジック、シナリオ）を表現するのは難しそうだ。ロジックやシナリオは、「言葉」にその役割を譲るとして、身体コミュニケーションでは、相手との信頼感を深め、より理解しあうために、どうするかを考えていきたい。

人間力と対話力は、それぞれ自分軸と相手軸の要素を含む。身体コミュニケーションでこの二つの軸を表すと、

・自分軸：自分自身を高め、響く身体になる＝体霊（カラダマ）を意識する

・相手軸：相手を理解し、相手と高めあうことである。

自分軸とは、要するにコミュニケーションできる身体を作っているのかどうか、身体として相手からの投げかけに応えられる身体なのかどうか、打てば響く状態であるかどうかだ。相手の深い納得を引き出す言葉、「言霊」についてはすでに述べた。同じように、相手の心に響く、一瞬に凝縮された体表現

を「体霊＝カラダマ」としたい。体の霊と言っても背後霊や守護霊のことではないのでご安心を！

例えば、魂の叫びを動きで表現するものに舞踊がある。特に民族舞踊は、五穀豊穣を願う、戦いの勝利を願う、無病息災を願うなど、体を動かし踊ることで、神とのコミュニケーションをはかってきた。それぞれの体の動きに意味がある。そして、みんなで踊ることによって、民族間のコミュニケーションをもはかってきたのだ。

体を動かすことは、それぞれの魂のつながりである。

今、子供の体力の低下が問題視されている。二〇〇三年に実施された文部科学省の調査では、一九八三年との比較で、一一歳の子供の体力が全般的に年々低下傾向であることを示している。長い距離を歩くことができない、長い間立っていることができない。この身体の衰えがコミュニケーションにも影響を及ぼす。つまり響く身体ができ上がっていないのだ。思いっきり走る、飛ぶ、ボールを投げる、受けとる、持ち上げる、すべる、こぐという、自分の身体自体を使った遊びが減っているからだ。友達同士で集まっても、それぞれが、それぞれの好きなゲームを黙ってやっている。動かしているのは、眼球と指だけ。そこにコミュニケーションはない。

話しかけても無反応の子供。自分の気持ちを相手にどう伝えていいのかわからない子供。キレる子供。これらは、体力の低下つまり体を動かさないことと関係している。響く体を持っているかどうかがコミュニケーションのベースなのだ。

相手軸のコミュニケーションで信頼感を高める

一方、相手軸とは、相手の立場に立ち、相手を理解し、相手と高め合うコミュニケーションである。受けて、投げるというキャッチボールとしての、ベーシックなコミュニケーションにおいて必要とされるのは、言葉だけではない。アメリカ人が、何よりもまず相手と握手をするのは、「私はあなたと敵対する者ではありません」という意思の現れだ。

私たち日本人は、握手はしないが、軽い会釈をす

7-1 身体コミュニケーション力 スキル体系

	自分軸			相手軸		
	自分自身を高め響く身体になる＝体霊（カラダマ）を意識する			相手を理解し、相手と高めあう		
3つのコミュニケーション力	スキル	コンピテンシー	身体コミュニケーション	スキル	コンピテンシー	身体コミュニケーション
人間力	自分パワーアップ力	1、使命感 2、本質探求力 3、ポジティブ思考	①自分の身体パワーをあげる → ・呼吸法・姿勢 ・気合	相手シナジー力	1、誠実な姿勢 2、幽体離脱 3、モチベート	③相手との距離感を配慮する → ・パーソナルスペース ・触れる
論理力	ロジック力	1、フレームワーク思考 2、仮説検証力 3、プランニング力		シナリオ力	1、情報収集力 2、ビジョン共有力 3、提案力	
対話力	伝える力	1、わかりやすい表現力 2、メッセージ力 3、パワースピーチ力	②相手がコミュニケーションしやすい身体表現 → ・笑顔 ・アイコンタクト	聴く・訊く力	1、心聴力 2、問答力 3、創発力	④相手との信頼感を高め関係性を深める → ・うなずき ・真似

身体コミュニケーションは、3つのコミュニケーション力のうち「人間力」と「対話力」の2つからなる。

ることによって同じような意思表現をしている。励ます意味もこめて、ポンと相手の肩を叩く。叩く強さ、叩く位置、タイミングが、こちら側の気持ちを伝える。相手との信頼性を高め、相手のモチベーションを高めるのだ。また、相手軸には相手とのコミュニケーションでシナジーを生みだすことも含まれている。

本章は、コミュニケーションの時に、身体で相手と響き合うためにはどのようにしたらいいのかの視点でまとめた。身体が響くとコミュニケーション・エネルギーが開花し、コミュニケーションが一段上昇するのだ。

02 自分軸を意識して、コミュニケーションできる身体をつくる

自分の精神状態を上手にコントロールする

では、自分軸での身体コミュニケーションから述べていくことにしよう。155ページの図7―1にもあったように、響く身体になるための自分軸での身体コミュニケーションは、

・自分パワーアップ力――自分の身体パワーをあげる

・伝える力――相手がコミュニケーションしやすい身体表現をする

ことである。

まず、人間力において、自分パワーアップ力をあげるための自分の身体パワーをあげることとは、大きく二つ。「自分自身の気持ちを高揚させること」そして「自分自身をリラックスさせること」で整理する。

自分をリラックスさせることとは、いつも平常心でいるための身体づかいだ。キレやすい身体、イライラしている身体では、響くコミュニケーションはできない。相手の何でもないちょっとした言動にも、ピリピリしてしまうからだ。自分をコントロールするための身体づかいである。そのためには、「呼吸」「美しい姿勢」が大切だ。呼吸法によって、脳を刺激し、安定した精神状態をキープし、美しい姿勢をとることによって、自分の気を引き締める。

自分自身の気持ちを高揚させるとは、ここ一番に力を発揮しなければならない時、集中力を高める時に、瞬時にスイッチを入れ替えるための身体づかいのことだ。スポーツ選手が競技に入るまえに、集中

力を高めるために毎回同じ動作をする。これを「パフォーマンス・ルーチン」と呼ぶ。パフォーマンス・ルーチンを行なうことにより、雑念を取り払い、競技に集中することができるのだ。スポーツ選手に限らず、自分自身の集中力を高めるためのパフォーマンス・ルーチンをみつけておくといいだろう。

次にもう一つのスキル「対話力」において、伝える力をあげるため、相手がコミュニケーションしやすい身体表現をするには、笑顔と視線だ。笑顔でない人、自分を見ていない人に誰がコミュニケーションを図ろうと思うだろうか。誰からでもコミュニケーションされる自分になるための、基本的な動作だ。

自分の身体パワーをあげるトレーニング

では、ここから身体パワーをあげるためにはどのようなことに取り組むべきかを述べていく。

●トレーニング1：自分リラックス

①呼吸

通常、私たちは肺で呼吸している。ここで言う呼吸とは、肺呼吸ではない。腹で息をする腹式呼吸のことだ。腹式呼吸は、人間の脳にあるセラトニンという神経伝達物質を活発にする働きがある。セラトニンとは、人間の脳で分泌される神経伝達物質であり、人の精神を平常心に保ち、なおかつ集中させる役割がある。

腹で呼吸し、身体を動かすことによって、セラトニンは分泌されやすくなる。自分の精神をゆったりとさせ、他人との真のコミュニケーションをとろうとすれば、ゆったりとした身体が必要なのである。呼吸法はいくつか種類があるが、ここでは丹田呼吸法と呼ばれる腹式呼吸を紹介しよう。丹田というのは、おへその少し下あたりのことを指す。つまり、腹の中心！　この丹田の部分に気をこめる。意識をすべて丹田に集中するのだ。

基本的には、一分間で約三回の呼吸をする目安。吸うときには鼻から吸って腹を膨らませ、吐くときには口から吐いて腹をへこませる。二秒間吸って、三秒間とめる、そしてゆっくりと一五秒で吐ききる。このサイクルを繰り返す。

集中力が散漫になった時、まず腹を意識して呼吸を整える。嘘だと思って試してみる価値はある。腹に気がたまり、目に意思がみなぎってくるはずだ。

自分軸では、自分の身体をコミュニケーションできる／しやすい状態にしておく必要がある。そのためには、笑いと呼吸で自分自身をリラックスさせる。

②美しい姿勢

凛とした立ち姿はその人の生きる姿勢までも表す。猫背で下を向いている人は、物事に消極的に見え、また片足に重心をかけて踏ん反りかえっている人は、だらしなく思われる。

本当はそうではないとしたら、一瞬の印象でそう思われることはコミュニケーションの始まりとしてマイナスだ。自然体でしっかりとした立ち姿ができているか、全身が写る鏡で自分をチェックしておくことが必要。見た目のきれいな立ち姿とは、

・前から見たとき、脚の内側のライン・おへそ・胸の間・鼻・眉間が一本のライン上になる。

・横から見たときは、くるぶし・膝横・大転子（脚と骨盤のつなぎ目）・肩・耳が一本のライン上になるように。

そして顎の角度も重要だ。リラックスしている顎の角度は、真正面を見ているプラスマイナスゼロの角度だ。相手に何の感情も与えないニュートラルな位置だ。また少し自信のある姿勢をとりたい場合は、顎角度を少し上向きのプラス一〇度程度にするといい。人数の多い人を対象としたプレゼンテーションなどで自分を大きく見せる。

顎を引きすぎていると、自然と上目づかいになる。相手に媚びる、または疑っているという印象を与えてしまう。その逆で、顎を上げすぎていると相手を挑発するような印象にとられてしまい危険だ。

美しい立ち姿のためには、腹筋と背筋を鍛えること。そこが弱いとぴんと張った姿勢をキープすることは難しい。

●トレーニング2：自分モチベート

①気合い

自分軸のコミュニケーションでは、リラックスしていることに加え、ある程度の高揚感が求められる場合もある。聞き手全体をある目的に向かってファシリテートしている場合や、何かに集中しなければならないときがそうだ。

アメリカの野球チーム、シアトル・マリナーズのイチロー選手はバッターボックスに入ると、構える前に必ず同じ動作をする。パフォーマンス・ルーティンだ。右手でバットを持ち、自分の身体の前を大きく一回りさせる。そしてピッチャーの方へ向けて、バットを縦に立て、一瞬止める。そしてユニフォームの片袖の端を少しつまみあげる。この動きは、剣道などの武道で相手と相対するときに、刀を相手に向けて、神経を相手に集中するのと似ている。当初、メジャーではピッチャーにこの動作が不快感を与えるのではと懸念されたが、自分のリズムをつくり、自分自身を集中させるため、イチローは自分なりのこの身体の動きを一貫してやり続けている。

人によって、意識を高揚させ、集中する「おまじない」の動きはある。これをやると集中できるという動きをみつけておくことだろう。

例えば、

・大きく腕を前後にふる（または振り回す）
・首を回す
・両頬を軽くたたく
・両手を組んで、前にぐっと伸びをする
・両肩を上げて、ストンと落とす

など、どれも身体の筋肉をほぐし、暖める動きだ。冷えた身体では、活発な身体コミュニケーションはできない。

相手がコミュニケーションしやすくなる身体表現トレーニング

では、ここからは相手が自分に対してコミュニケーションしやすくなる身体表現は、どのようにすべきかを述べていく。

●トレーニング3：相手アプローチ

①笑顔

笑いが精神的なリラックス状態を生み、心理的に人間にいい影響を与えることは知られている。しかし、身体の免疫機能にまで影響を与えることはまだあまり知られていない。ある名古屋のクリニック主催で、笑いが細胞レベルにどんな影響を与えるのかの実験が行なわれた。方法としては、二七名の男女を対象に落語を聞く三〇分前と、聞いた三〇分後でNK細胞活性を測定し、その値を比較してみるというものだ。NK細胞とは、自然免疫の中心となる細胞で、癌や感染細胞をいち早く見つけ殺してしまうという、何とも頼りになる細胞だ。このテストで、落語を見て大声で笑った人のうち、約八五%がNK細胞活性が著しく上昇していた。

自分自身のリラックスにつながるのはもちろん、笑いは周りに伝染する。アメリカのホームドラマには、よくバックに笑い声が挿入されている。これをこの業界では「ラフ（Laugh）を入れる」と言う。これを何故、笑い声の効果音を入れるかといえば、視聴者がつられて笑うことを狙っているのだ。相手と良好なコミュニケーションをとりたいと思うのなら、笑顔を向けるほうがいいに決まっている。

笑いの頻度が少ない人は、口の周りの表情筋が衰えてくる。両頬が垂れ下がるブルドッグのような顔つきになる。本人は、そんなつもりはなくても不機嫌そうな顔になる。お笑いで自然と表情筋を鍛えるネタをやっているのが、志村けんの「アイーン！」だそうだ。「イー」の口で、唇の端の口角を横にひっぱり、首の方まで力を入れている。あれがいいのだ。ブルドッグ顔になるのを防ぐ笑顔づくりのトレーニングは、

・口を閉じて、唇を内側に巻き込む
・そのまま口角を両側に引き上げて五秒間そのまま
・ゆっくり戻す

これを毎日五回繰り返すこと。

明るい笑顔は、自分もリラックスすることができ、相手にも伝染し、良好なコミュニケーションのベースになる。

②アイコンタクト

目を伏せている人に対しては、コミュニケーションがとりづらいものである。「自分に関心がないのでは？」「何か考えごとをしているのでは？」と「私に話しかけないで」のオーラが出てしまっている。アイコンタクトとは、相手としっかり目が合うことを言う。一対一のコミュニケーションでは逆に目が合いつづけているのが、つらい時もある。しかし、コミュニケーションをとっている間は、定期的に何度か相手と目を合わせること。目が合った瞬間には絶対にチラチラと視線を泳がせないことだ。

一対一ならなんとかアイコンタクトできるが、大勢の前に立つとできなくなるという場合には、日頃仲間同士でアイコンタクトするトレーニングをするといい。

1．童話など簡単に読める本を全員が持ち、円になる
2．円の半分ずつでチームに分かれる
3．一行ずつ読み上げ、最後に顔をあげて相手チームの誰かにアイコンタクトする
4．アイコンタクトされたと思う人と、実際に本人がアイコンタクトした人が同じなら、そのチームに一点加算。はずれなら一点減点

このトレーニングは結構盛り上がる。ゲーム感覚でやってみていただきたい。だんだん照れがなくなってくる。

Communication

03 相手の納得を引き出すための「相手軸での身体の使い方」

「相手シナジー力」で距離感をうまく活用する

では次に、相手軸での身体コミュニケーションを述べていくことにしよう。相手を理解し相手と高めあう相手軸での身体コミュニケーションは、

①相手シナジー力——相手との距離感を配慮する
②聴く・訊く力——相手との信頼感を高め、関係性を深める

ことである。

まず、相手シナジー力とは、相手との距離感を活用することである。距離感つまりパーソナルスペースを活用し、相手とのつながりをコントロールする。人間は相手との関係性によって、侵されたくない自分との距離を持っている。その距離に立ち入れば不快感を与えることになるが、逆にあえて立ち入ることによって、相手の感情を自分優位にすることもできるのだ。

さらに相手との距離を瞬間なくすのが、「相手に軽く触れる」という行為である。女性にとって、親しい異性から軽く触れられて心地いい場所が「頭」、そして男性の場合は「二の腕」だという。私は研修の場で、気難しそうな顔をしている受講者のそばに立ち、「頑張ってアウトプットをまとめてくださいね！」といいながら、軽く相手の腕を叩くことがある。そうすると一瞬にして、私と受講者の間の空気が和む。触れることの効果だろう。

次に聴く・訊く力とは、相手との信頼感を高め、関係性を深めることである。自分は相手の話を聞いているということを身体で示すには、アイコンタク

トをするのはもちろんのこと、うなずきの効果が大きい。また、人は自分と同じ行為をしている人に対して、親近感を感じると言われている。これらの身体コミュニケーションを活用し、相手軸に立った相手とのつながりを作っていく。

相手との距離感を活かすトレーニング

では、早速相手との距離を活用した身体コミュニケーションを実践していただきたい。

●トレーニング1：相手との距離をはかる

①パーソナルスペースを考える

まず、パーソナルスペースから考えてみよう。パーソナルスペースとは、他人には侵されたくない自分からの距離のことである。自分が親しいと感じている人とのスペースは狭く、初対面の人に対しては広くなる。

アメリカの刑事教育マニュアルには、パーソナルスペースを活用した尋問の方法が書かれている。

「係官は、最初容疑者から約二〜三フィート（約六〇〜九〇センチ）のところに椅子を置き、尋問を開始する。そして尋問が進むに従って、少しずつ容疑者に接近する。最終的には容疑者の両足膝の間に、係官の膝の片方を割り込ませるぐらいまで、近づくこと」。これは、相手のパーソナルスペースを侵し、こちらが心理的優位に立つための方法である。

一般的には八〇センチ以内に見知らぬ他人が近づくと、緊張するといわれている。相手との距離感が八〇センチ以内だったなら、お互いが親密な関係性を持っているということができる。ビジネス・コミュニケーションでは、約一・二メートルを確保することだ（図7—2）。

また、パーソナルスペースでは他人が自分の左側にいるのか右側にいるのかで、精神的な安定度合いが違うと言われている。何故なら無意識に心臓を守ろうとする意識が働くからである。初対面の人が八〇センチ以内、しかも左側にいるとかなりのプレッシャーを感じることになる。ビジネスにおける相手とのコミュニケーションで、このパーソナルスペー

7-2 相手との関係によるパーソナルスペース

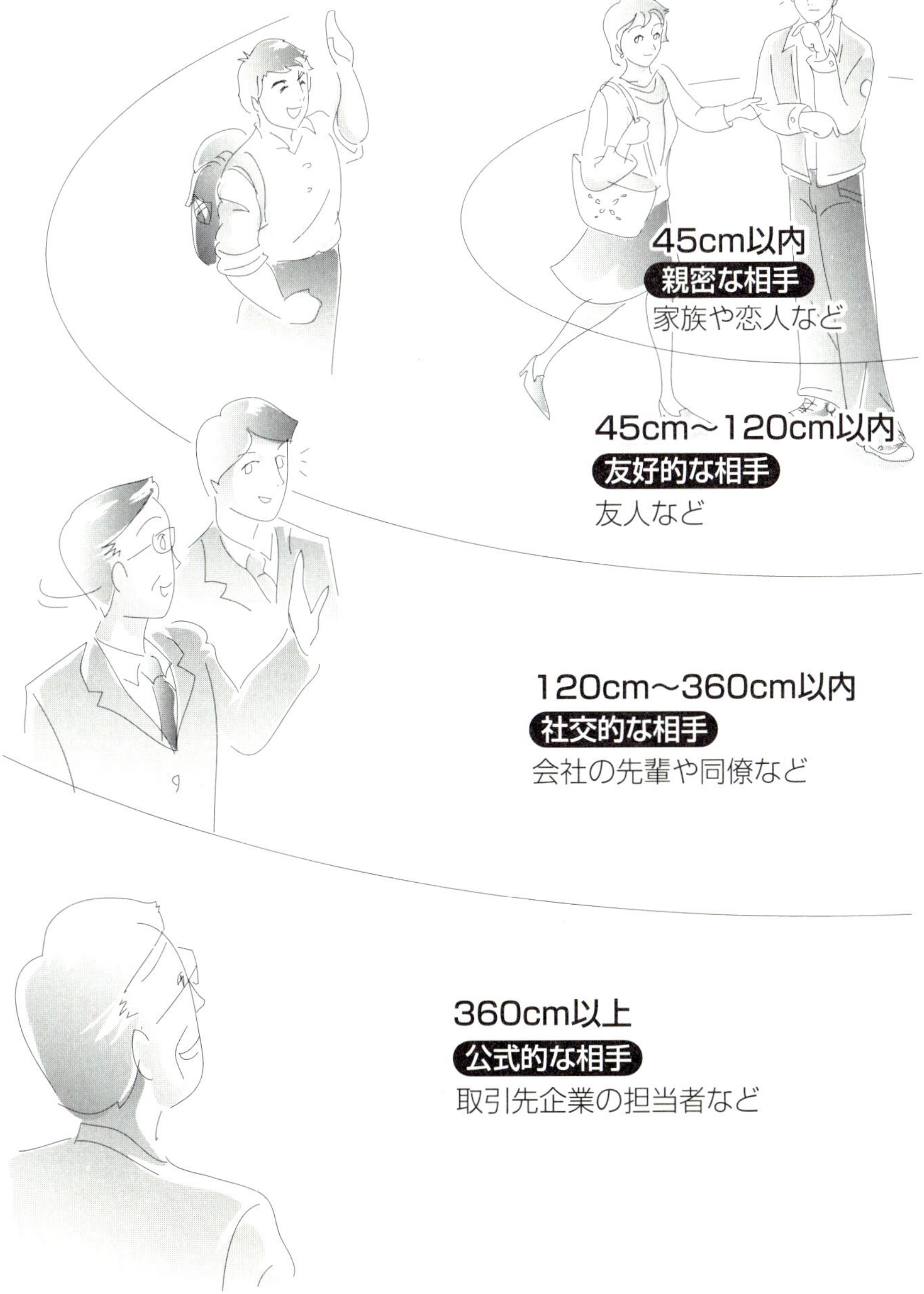

スを活用することができる。

親近感をもたせたい時、向き合うと議論がヒートアップし敵対的な状況になりやすいので、相手をリラックスさせようと思うなら、同じ向きに座る。つまり隣同士の位置関係になることだ。パーソナルスペースは、人を中心点にして上から見ると、丸い円ではなく、楕円になっている。つまり、その人の前後には広く、横は前後に比べて狭い。満員電車でも自分のすぐ横に他人が座っていても、平気でぐ～ぐ～寝てしまう人がいるのもそのためだ。しかし、もし同じ距離で、真正面に他人がいたら息苦しくて我慢できないだろう。相手との関係性で親近感を生み出したいのなら、相手の右斜め四五度の角度に身体を置くのがベストだ。左でもいいが、人間は自然と心臓のある左側を守ろうとする意識が働くもので、右より緊張感が高まる。リラックスさせるのなら右側だ。

また自分の考えや主張を理解してもらい、相手に納得してもらいたい時には、あえて自分の存在感を相手にアピールする場合もある。そんな時、相手のパーソナルスペースをわざと侵害する方法が有効である。例えば、テーブルの上に自分の資料を広げる。組んだ手をいつもより少し相手側に置くなどだ。そして立ち話の場合でもあえて右足を一歩、相手のパーソナルスペース近くに置く。

②相手に軽く触れる

産まれたばかりの赤ちゃんを母親の胸の上にのせるカンガルーケアという育児法がある。

特に低体重の未熟児に対して行なわれている保育で、カンガルーの子育てに似ていることから、こう呼ばれるようになった。カンガルーケアの導入前では、一〇〇〇グラム未満の低出生体重児の全員が死亡していたが、いまでは、その四分の三が救命されているという。母親の体温で温められる、感染症から保護するなど発育を助けるという意味でも、直接人の肌に触れることは重要である。また幼児においても親から十分なスキンシップを与えられた子供とそうでない子供では、精神的な発育段階において大きな差が認められた。

またスポーツの世界でも、スクラムを組み、それぞれの手を重ねて士気を高めることがある。身体コミュニケーションだけでも十分相手のモチベーションを高めることができるのだ。

「頑張ってくださいね」と軽く肩をたたく。円滑なコミュニケーションにおいて、身体に触れることがその効果を高める。相手との関係性がまだできていない時には、相手と同じ行動、例えば同時に笑っているなどのタイミングで指先でトンと軽く叩く程度がいい。相手の肩あたりが最適。手のひら全体でべったり触れるのは、好ましくない。

相手との関係性がある程度できている場合は、かなり強く触れても大丈夫だ。触れる面積は手のひら全体でもOK。

相手に触れるというコミュニケーションは、相手との距離感を一気に縮め、モチベートする効果は大きいものの、半面、シーンと相手との親密度によっては逆効果にもなりかねない、難しい身体コミュニケーションである。特に男性から女性に対する場合は配慮が必要だ。

相手から信頼を得られる「聴き方」とは?

相手から信頼されるためには、聴く・訊く力が求められる。このうち身体で表現するのは、聴く力の方である。「人は人の話を聞いていない」。これはコミュニケーションにおける基本である。人は自分が話したいのだ。つまり、話を聞いてくれる人を求めている。

どのようにすれば、聞いていることを身体で表すことができるのかを見ていきたい。

●トレーニング2:相手の話を身体で聴く

①うなずく

前述したイチロー選手は二〇〇四年、一九二〇年にジョージ・シスラーが樹立した二五七安打の記録を八四年ぶりに塗り替えるという快挙を達成した。メジャー移籍後ピッチャーとの呼吸を合わせるために、それまでのフォームを改造した。日本のピッチャーとアメリカのピッチャーでは、投げる時の呼吸が違うからだ。日本人には独特のタイミングがあり、「イチニーのぉサン」というタイミング。ピッチャーの呼吸と合わせるために、右足を上下してタイミングを計っていた。

しかし、呼吸のタイミングが違うアメリカのピッチャーに対して、日本人ピッチャーと同じタイミングで対しても打つことができない。アメリカのピッチャーの場合は、タイミングがもっと早いため、一二五度あった身体のひねりを一一〇度にまで小さくし、スピードに対応できるフォームに改造したのだ。スポーツでも武道でも、対する相手と呼吸を合わせることによって、最大限の成果を出すことができる。

コミュニケーションにおいても、相手と呼吸を合わせることが相手との距離感を縮めるのに役立つことが多い。例えば、一〇名前後の人に話している時、聴衆が大きく三つのグループに分かれていることに気づく。

・第1グループ：熱心に聴いている人
・第2グループ：聴いているのか聴いていないのかどちらともいえない人
・第3グループ：全く聴いていない人

なぜ、それがわかるかといえば、「うなずき」の量だ。話を聞いている人は、自然とうなずいている。話し手からみれば、ちゃんと自分の言っていることを消化してくれていると感じる。一方、反応なく無表情でうなずきもなければ、聞いていてもそれが相手には伝わらない。自分の話を聞いていないかもしれないと思う相手に話すのは苦痛である。

大阪のおばちゃんは、反応がいい。「ふん、ふん」とうなずきながら人の話を聴いている。うなずきは最大の傾聴スキルだ。相手の言っていることに響いている証拠。うなずくことは意識すれば誰にでもできる。

だが、これにもコツがある。あまり頻繁にうなずいていると、逆に単なるクセでやっていて本当は聞いていないのではないかと思われるからだ。

適度なうなずき方は、相手の話すスピードにあわせてうなずくのがポイント。つまり相手の呼吸に合わせてうなずく。つまり、話の句読点「、」「。」に合わせて、ゆっくりとうなずく。つまり相手と気を合わせるのだ。

②相手の真似をする

相手の行動をさりげなく真似をする。真似されているという意識を与えないぐらい自然に真似をする。真似をされている方は、相手に親近感を覚える。これをミラーリング効果と呼ぶ。相手と気を合わせる、相手と自分をシンクロ（同調）させるということだ。

初対面の相手で、お互いに緊張している状態で、相手との距離を縮めようとしている場合に有効である。例えば、相手が机の上で手を組んでいる場合は、同じように手を組む。お茶を飲めば、同じようにお茶を飲む。このミラーリング効果を使って、テレビ番組で一つの実験が行なわれた。ある男性が、その時に付き合っていた女性の父親に会いに行くというものである。ご対面当初は、双方とも緊張し、会話もなかっただけでなく、あきらかに父親はその男性を断じて娘の彼氏とは認められないという様子だ。そんな状況でミラーリング効果の実験開始。父親には、その実験のことは一切知らされていない。男性は父親がグラスを持てば、さりげなく同じようにグラスを持ち、箸を持てば箸を持ち、顔をさわればさわり、笑えば笑うというふうに、父親の真似をし続けた。時間が経つごとに、父親の表情はほぐれ、会話も弾んだ。

相手との距離感を縮め、信頼を得ようと思うのなら、あくまでもさりげなく、相手のやることの真似をしてみるといい。

ここまで、身体でのコミュニケーションをいくつか紹介してきた。コミュニケーションは、反応する身体が大事だ。反応しない身体にはどんな感動的なメッセージも伝わらない。緩んだ弦をいくらひいても音は響かない。ピンとはった絃だからこそ、はじけば大きな音色が響くのだ。テニスのラケットのガットは、強く張っていればいるほどボールがはじけ、力強く遠くへ飛ばすことができる。

コミュニケーションはお互いの反応の上に成り立つ。コミュニケーション上手な人とは、コミュニケーションのための身体ができている人だ。

第8章

「チームアップ！」——チームを進化させるコミュニケーション

communication

01 「科学する阿吽コミュニケーション」で、個とチームをひとつにする

「初め」を示して「終わり」をともにつくる「阿吽コミュニケーション」とは？

これまでの章では、個を中心としたコミュニケーションのあり方を示してきた。「私はどのようなコミュニケーションをすればいいのか？」だ。本章では、チームのコミュニケーション。個人対個人ではなく、個人対二人、三人、四人……n人とのコミュニケーション。一対一から一対n、n対nになる。個のコミュニケーションとは異なる視点、スキルが求められる。みなさんも、何らかのチームに属しているはずだ。コミュニケーションを通して、個人が伸び、チームが成長する。みなさんのチームも、ぜひ進化して欲しい！「我々はどのようなコミュニケーションをすればいいのか？」、その答え、そのサイクルを回すのがチーム・コミュニケーションである。

「あっ、そう言えば山田君、あの件はどうなってるかね？」
「はい、部長、○○商事への営業提案の件ですね。明後日までには提案書ができ上がりますので、週末のプレゼンには十分に時間が取れます。準備万端です！」

「あの件は？」「あれはどうなっているんだ？」で要件を済ます上司は多い。私が言わんとすることは分かって当然！という私（上司）中心。相互プロセスがないコミュニケーションだ。
阿吽《あうん》の呼吸とは、「お互いの気持ち、調子がぴっ

たりと合う」ことを言う。異民族、異文化。共通の了解が前提として存在しない欧米など海外では通用しないコミュニケーションだ。「あれ」が分かっていないということは、上司の気持ち、上司の調子に合っていないことになる。だから、「あれとは何のことですか?」と聞き返すなどとんでもないことだ。必死で上司の気持ち、言わんとすることを探ることになる。

「阿吽」とは、吐く息の「阿」、吸う息「吽」のことであり、サンスクリット語(古代インド語)の最初の音である「阿」、最後の音の「吽」である。つまり、阿吽とは「物事の始まりと終わり」である。寺院の山門、左右にある仁王像は阿吽一対。神社の社殿前にある狛犬も一対で一方が口を空けた「阿形」、もう一方が口を閉じた「吽形」になっている。「対」であることで意味を持つのだ。

つまり、阿吽の呼吸とは、

【始まりと終わりを一瞬に凝縮して行なう、相互のコミュニケーション】

である。奥が深いコミュニケーションのスタイルだ。

「阿吽の呼吸などと言っているから、いつまで経っても日本人はマネジメントが下手なんだよな」と考える人もいるだろう。しかし、自分中心で「わかって当然!」ではなく、相互の納得のプロセスとしてのコミュニケーションと考えると、阿吽の呼吸は理想的なマネジメントとも言える。自分中心主義の上司、自分中心主義の部下・メンバー間では成立し得ない。だからこそ、自分中心主義打破のための、「対」=相互納得のプロセスとしての阿吽コミュニケーションを科学して、実践しよう。

チームの「アイコンタクト」が理想の組織をつくる

阿吽のコミュニケーションを科学する要素は「その場」「その時」「その人」の三点だ。

「その場」はあなたがいる場所。会社、部門、事業所やグループ、そしてチーム。組織が大きくなるとコミュニケーションは網羅的で、形式的・抽象的になる傾向がある。小さくなると個別、具体的になる。松下幸之助氏が「事業運営はバス一台分の人数で」と言ったのは、顔が見える、気持ちや意識が直接、感じ取れる大きさが適切との考えがあったからだ。顔が見える人数としてのチーム。そして、現場で形成されるのもチーム。現場で顔が見えるコミュニケーションでないと阿吽の呼吸にはならない。

「その場」「その時」「その人」の阿吽コミュニケーションの最善の例はサッカーにある。アイコンタクトだ。中田英寿、中村俊輔、小野伸二などの海外組にとっては言葉の問題もある。中田は、英語はもちろん、イタリア語もマスターしているので問題はないが、競技場の歓声の中、発した言葉が相手に届くとは限らない。そんな状況で、「おいおい、どうやったらそんなに凄いパスを出せるんだよ！」と唸らせるようなキラーパス。「こういう状況になったら、彼はこう走り出す。オレはディフェンスを引き付けて、その裏にパスを通せばいい」と、数々のフォーメーションの練習、シミュレーションの積み重ねから、咄嗟《とっさ》に最初から最後までのイマジネーションが一致する。瞬間に、チームメンバーが一体となって動くための、言葉に代わる合図。それがアイコンタクトだ。目的は勝つこと、ゴールを決めること。お互いの目を合わせた瞬間に、初めから終わりのイメージを共有する。

サッカーでは、ある瞬間、一瞬に、一人ひとりがメンバーであり、リーダーでもある。主役も脇役もない。チームのコミュニケーションでは、自分軸と相手軸は瞬時に入れ替わる。刻々と変化する状況においては自分軸も相手軸も一気通貫、表裏一体となって進められる。つまり、アイコンタクトとは、

・「人間力」――目的達成への使命が自分だけに留まらず、メンバーの「一緒に達成しよう！」という誠実な姿勢につながり、

・「対話力」――アイコンタクトのメッセージが、メンバーの「次はこれだ！」のイメージを創発し、

・「論理力」――ゴールに向けた流れとメンバーの「これで決める！」のビジョンを共有する

このような筋道を一瞬のうちに実現するための、自分軸・相手軸一体となった始まりと終わりの凝縮なのだ。つまり、企業の現場コミュニケーションのアイコンタクト、それが阿吽コミュニケーションなのだ。

松下電器が元気だ。「みんなで考え、みんなで実行しよう」という機運が高まったからだ。社長の中村邦夫氏が目指す組織とはこれだ。

「お客様と直に接する人が役職に関係なく、自分ですべて意思決定できるようにすること。人間が一番楽しく働けるのは、自分でプラン・アクション・チェックを回せる仕事なんです」（『日経ビジネス』二〇〇五年一月三日号）。

昔の松下は声が大きければ部長になれた。おそらく「あれはどうなった？」の部長が多かったのだろう。今は、権限委譲。極論すれば、「社長がある日突然いなくなっても会社が回る組織」が目指す姿だ。優れた一人のリーダーがいなくとも自律的に動き、進化し続けるチーム。それが理想的なマネジメント、理想的な組織体だ。チームメンバー一人ひとりがメンバーであり、リーダーでもあるからだ。

Communication

02
「個の成長からチームの成長へ」——リーダーのコミュニケーション

情報共有・価値共有なくしてチーム・コミュニケーションなし！

今、元気な企業は現場が強い企業。トヨタ、ホンダ、キヤノン、花王などだ。共通するのは、末端の現場が活性化して自律的に動きながらも、同じ方向、ベクトルに向かっていることだ。大事な情報、価値を共有し、自主研、ワイガヤ、大部屋役員室、まじめな雑談などの独自のチーム・コミュニケーションを展開している。

コミュニケーションのベースは情報～価値共有にある。末端の、現場のチームが情報を共有しているかどうかで、チームの動きは雲泥の差だ。必要なものは、

・現状と課題に関する情報、これからの方向性に関する情報の共有
・経営理念や行動理念などの判断基準、価値基準に関わる価値の共有

である。情報共有・価値共有がチームの「論理力」を高めるのだ。

情報共有、価値共有は単に伝えればいいのか？「NO！」である。伝えることのねらい、意図が明確でなければメンバーには届かない、心に響かないのだ。「何のために伝えるのか？」の意図が大事だ。一度、言っても伝わらない。何度でも伝え、理解され、納得できるまで意図を伝えるのだ。相互理解のプロセスが現場では重視される。情報共有、相互理解を愚直なまでにあきらめない、強さある意図

コミュニケーションが必要なのだ。

「会社が目指す方向はこうだ!」では弱い。「だから、わがチームは、私はこうする!」を発信する。リーダー自らが目的志向になる。そして、メンバーにも、常に目的志向であり、自らのミッション、役割を自覚させることである。

では、現場が強い、チームが育つ場となっているケースとして、セブン‐イレブン・ジャパンの店舗の例を見てみよう(『PRESIDENT』二〇〇五年二月一四日参照)。セブン‐イレブン・ジャパンの日販(一店舗当りの一日の売上)は平均六六万。業界二位、三位のローソン、ファミリーマートを一五万以上引き離す、ダントツのトップだ。大きな要因は現場力、チーム・コミュニケーションだ。

東急池上線の商店街にある蓮沼店。コンビニ歴二〇年のベテラン・オーナーの山岸さんは商品の発注を三人のパート、一五人のアルバイトに任せている。

「うちではアルバイトじゃないよ。発注も、レジ締めもやって、店を支えている柱の一本になってもらうからね」。

オーナーが大黒柱。パート、アルバイトも店を支える柱として力を発揮してもらうという使命を明確に採用時に伝える。そして、自ら手作りで「連絡シート」を回す。勤務上のシフトでミーティングに参加できないメンバーと、本部からの最新情報、お店で取り組む課題、注意事項を共有するのだ。自ら作成するのが鍵だ。店としての情報だけでなく、リーダーの問題意識をチームとして共有する。これが従業員の連携の良さにつながっていく。そう、チームの「論理力」とは、メンバー間の意識・行動の重なりを生み、連携の良さを創り出すのだ。

「育てる」から「育つ」へ:リーダーのコミュニケーションスタイルを進化させる

「私の担当として『キャベツの浅漬け』を取り上げました。野菜の値段が高かったので一個一六〇円という値段は手頃、どんどんお勧めしようと」。勤務が終わる午後に「今日はキャベツを売るから声掛けしてね」とレジに張っておくと、夕方以降、アルバイトの学生が「おつまみにキャベツの浅漬けはいかがですか」と売り込んでくれる。これまでの一〇倍に売れ行きが伸びた。自分の担当でなくても協力し合う。「その一体感がうれしかった」と担当者は言う。

「店は従業員さんの協力なくしては絶対に回らない。人的なコストではなく、ともに利益を生み出していくメンバーと考えるから仕事を任せていく。それがセブン‐イレブンの原点だと思います」と、オーナーは店のリーダーとして、メンバー相互に力を合わせて成果を挙げることを促すコミュニケーションを重視する。年末年始の取り組みについて「クリスマスにはデート中の彼と彼女がエチケットでガムを買う」「正月はお年玉でリッチな子供をターゲットにポケモン商品を」と提案した女子高生に「仮説の見本九五点！」とオーナー自ら評価し、褒める。「もっと意見を出して、提案して、協力し合おう」というコミュニケーションがメンバー間で行なわれるようになる。「アレやれ、コレやれ」と直接、指示しない。

「みんなで力を合わせてうまくいった時にはすごくうれしいです」という気持ちをひとつにするコミュニケーションへの進化、阿吽のコミュニケーションの実現だ。この時、現場のメンバーはチームのメンバーであり、各々の発注担当のリーダーでもある。リーダーのコミュニケーションを「育てる」から「育つ」へと変える、するとチームは個々のメンバーが「育つ場」になる。つまり、一人ひとりがメンバーであると共に、リーダーに変わるのだ。

「育てる」つもりでは人は育たない

チームリーダーがメンバーを育てようと考えているうちは、メンバーは自ら育たない。リーダーの役目は、チームという場を「育つ場」にすることだ。リーダーひとりの働きかけでは弱い。メンバー相互に伸ばし合う、高め合う場にすることだ。育つ場になると、リーダー自らもメンバーによって育てられる。

・「育てる」コミュニケーションとは――リーダーが話したいことを伝えるコミュニケーション。リーダーを中心としたメンバーへの一対一のコミュニケーションだ。「なんだか、彼は自己向上意識が弱いな……」。すると、直接、面談の時間を持つ。2Wayコミュニケーションが大事と言いながら、会話の九〇%以上はリーダーが話している。これでは、リーダーが言いたいことは伝わるが、メンバーは本気にはならない。

・「育つ」コミュニケーションとは――話したいこと以上に、自分のミッションと役割を基点にメンバー自らのミッション、役割を再確認させることである。「あなたにとってチームはどうあるべきだと思う?」「あなたはチームで何を実現したい?」と答えを引き出しながら、あるべき方向へと導き、共通のゴール、ビジョンを確認するのだ。

リーダーが自分の「使命感」を伝え、メンバーの「誠実な姿勢」を引き出すだけでは「育てる」コミュニケーション。相手の「使命感」を引き出すことで、「育つ」コミュニケーションになる。チームを「よし、次は私がリーダー!」と次期リーダーが育つ場にしよう。

常に「学ぶ視点・育てる視点」を自らつかみ、磨く

対話を重視し、チームで行なう次世代リーダー育成の研修。それがGEの研修プログラムだ。一九八〇年代半ばにジャック・ウェルチが導入し、現CEOジェフリー・イメルトをはじめ、3Mやホームデポへも CEOを送り出す史上最強のリーダー育成プログラムだ。この研修では、講師が一方的に話をすることはない。講師が投げかけたテーマにメンバーがどんどん意見を言い、メンバーが具体的な解決法、方向性をまとめる。この研修を通してメンバーは「リーダーシップ」の必要性を実感する。他のメンバーや幹部の考え、体験を聞きながら、「自分がリーダーだったらこうしよう」と自然に考えるよう

になり、それが身につくのだ。
自分がリーダーになると、自らの考え方、働き方、生き方、企業観などをメンバーに伝える機会が出てくる。現実のテーマをお題としながら、自ら学ぶ視点、教える視点を持つことの大切さを痛感するのだ。

リーダーとしてのチーム・コミュニケーションにおける、学ぶ視点、教える視点は、大きく次の六つのジャンルに分かれる。コミュニケーションの六つのスキルの内容からリーダーとして求められるエッセンスを集約したものだ。

①ビジョン
②誠実さ
③責任と意欲
④チームへの影響力
⑤エンパワーメント
⑥イニシアティブとスピード

これらは、強いチームをつくり、進化させるためのチーム・コミュニケーション・スキル体系、つまりは冒頭で紹介した「科学する阿吽コミュニケーション」スキル体系でもある（図8―1）。

8-1 阿吽コミュニケーションスキル体系

阿吽コミュニケーションスキル体系	コミュニケーションスキルとの関係			
	自分軸		相手軸	
	3つのコミュニケーション力	スキル	3つのコミュニケーション力	スキル
①ビジョン:チームにとって明快、シンプルで、顧客本位のビジョンを示し、メンバーの心をつかんでいる。	――	――	論理力	シナリオ力
②誠実さ:常に相手の立場に立ち、真摯で誠実な対応を貫き、最後までものごとをやり遂げている。	――	――	人間力	相手シナジー力
③責任と意欲:目標への責任とこだわりを持ち、妥協せずにものごとに取り組んでいる。	人間力	自分パワーアップ力	――	――
④チームへの影響力:メンバーの意見・反応を汲み取りながらコンセンサスを導き、相互に影響し合う関係をつくりあげている。	対話力	伝える力	――	――
⑤エンパワーメント:メンバーの意見・アイデアを取り入れながら仕事を任せ、一人ひとりの能力・個性を最大限に活かしている。	――	――	対話力	聴く力 訊く力
⑥イニシアティブとスピード:問題を予知し、問題の本質を捉えながら、常に前向きにスピードある解決を図っている。	論理力	ロジック力	――	――

阿吽コミュニケーションスキル体系の
6項目を意識して、学ぶ視点、教える視点を
磨き続けることがリーダーには求められる!

03 チームアップのための五つのコンセプト

勝ち組企業はコミュニケーションにこだわっている！

コミュニケーションとは「納得！」である。互いの持つ意味と感情を交換しあって納得しあうための手段だ。だからこそ、コミュニケーションの回数が豊富で、活発なやりとりがある企業は全体の仕事に占める「納得！」の割合も高い。社員が納得しているなら、仕事にも覇気が生まれ、モチベーションは高まり、結果として成果がついてくるのは当然。コミュニケーションというのは売上や利益のように数字に表れないからこそ、その異変に気づき、対処するのに時間がかかる。売上や利益の一時的な低迷よりもコミュニケーションの不協和音のほうがずっとやっかいだ。

世に言う勝ち組企業というのは、こうしたコミュニケーションを非常に大事にし、こだわっている。書店に足を運んだら気づくだろう。先述している勝ち組企業は、多くの本になっている。『トヨタ流仕事の哲学』『キヤノンの掟』『花王強さの秘密』……こうした勝ち組企業の紹介本の多くがその企業の持つ「コミュニケーション」に言及している。そこに勝ち組たる秘訣があるからだ。類いまれな技術を育むコミュニケーション、ヒット商品を創造する力を養うコミュニケーション、トップの強力なリーダーシップに応えるコミュニケーション……。コミュニケーションという土壌が数々の目に見える特徴を生み出しているのだ。

では勝ち組企業はどういうコミュニケーションのこだわりを持っているのだろうか？　共通していえ

るのは以下の五つである。チーム力をアップするための「チームアップ」への五つのコンセプトと言える。

① 見える化
② シナジーの創造
③ スピード&クオリティ
④ ブランドの約束
⑤ 遺伝子の継承・進化

この五つを「チームアップ・コンセプト」と呼ぶことにする。

もちろん、企業ごとの業種やポジション、業界環境によって、この他にこだわるべき点は多数存在する。しかし、ここであげた五つのコンセプトについては、勝ち組企業の大半が共通して最大限のこだわりを示している。そして他の勝ち組になりきれていない企業にも当然「こだわり」が求められる。

ではそれぞれのコンセプトはどういうものだろうか。勝ち組企業のベストプラクティスと合わせて、次にそれを見ていこう（図8―2参照）。

チームアップ・コンセプト1――「見える化」

コミュニケーションの中での「見える化」とは、社内外の、経営、顧客、オペレーション、ナレッジ（知恵）に関する情報をすべて「見える」ようにすることだ。財務諸表の内容はもちろん、顧客のリピート率、在庫回転率、月ごとの営業訪問件数などを全て「見える」ようにする。また、数値以外の情報では、経営を左右するマクロ環境、業界環境の変化、顧客から寄せられたクレーム、業務上のトラブル、技術者の持つ巧みな職人ワザ、顧客をときめかせる飛び切りのギャグ……などの定性的な情報も「見える」ようにする。また、経営トップの考え、社員一人ひとりの考え、顧客の思い、などの感情も対象に含まれる。こうして、企業経営に関わる情報を全て「見える化」してしまうことに勝ち組企業はこだわっている。

「見える化」するには、EIP（企業情報ポータル）等のシステム導入も効果的だが、もっと重要な

8-2 5つのチームアップ・コンセプト

見える化

社内外の、経営、顧客、オペレーション、ナレッジ(知恵)に関する情報をすべて関係する社員が「見える」ようにするコミュニケーション

シナジーの創造

社員一人ひとりの持つナレッジや情報や、顧客から得られた情報を、あらゆる組み合わせで掛け合わせて新たな価値を生み出すコミュニケーション

スピード&クオリティ

日ごろの業務においてスピードを最大限追求しつつ、一方でクオリティも最大化するコミュニケーション

ブランドの約束

顧客や生活者と約束した「ブランドの約束」をいついかなるときも絶えず守り続け、進化させていくコミュニケーション

遺伝子の継承・進化

遺伝子を次代に継承し進化させることで、永久に繁栄し続ける組織の仕組みを作り出すコミュニケーション

勝ち組企業は 5つのチームアップ・コンセプトにこだわっている!

のは社員間のコミュニケーションを活発化することと。コミュニケーションがなければ情報は行き来しない。ITだけに頼らず、生のコミュニケーション機会を増やすことが、「見える化」には必要だ。

「見える化」のベストプラクティスとして真っ先にあげられるのがトヨタ自動車だ。トヨタの「見える化」の事例はたくさんあるが、その代表例は「アンドン」の活用だ。「アンドン」とは生産現場に掲げられる「ライン・ストップ表示板」のこと。生産ライン上に問題が生じるとアンドンが黄色く点滅する。すると現場監督者がすぐに駆けつけ対処する。ラインのストップが必要であれば赤色に変える。アンドンは工場のどこにいても見える。工場の全員がそのアンドンを気にしながら仕事をしている。「アンドンが見える」ということはつまり「生産ラインそのものが見える」ということになる。これはまさしく「**オペレーションの見える化**」である。アンドンを通じて生産現場全体を「見える化」しているのだ。

さらにトヨタには「なぜなぜ五回」というルールがある。何らかの問題に直面したときは常に「なぜ?」を五回繰り返せ、というものだ。それによって問題を生じさせている原因が深掘りされていき、真因にたどりつける。いわば「**真因の見える化**」だ。この「なぜなぜ五回」は互いの論理力と対話力がコミュニケーションにおいて発揮されて実現する。

また、セブン‐イレブン・ジャパンでは、変化に即座に対応すべく、店頭の情報が本部に全て集約されるシステムが徹底完備されている。データの細かな変化から、現場の今を読み取る。また、毎週火曜日に、全国に散らばって現場で活躍するOFC(オペレーション・フィールド・カウンセラー)と、現場のマネージャーを含めた総勢一六〇〇名を東京の本社に集めて会議を行なっている。システムだけではなく、生のコミュニケーションを通じて徹底して現場の情報を集める。つまり「**現場の見える化**」を実践しているのだ。

さらに、居酒屋・外食チェーンのワタミフードサービスでは「**顧客の見える化**」に徹底的にこだわりを示す。毎週開催される業務改革会議にて、顧客からのアンケートハガキのコピーが参加者全員に配布され、それをもとに議論する。店頭サービスについて容赦ない声をマネージャーに突きつけ、改善をその場で求める。

「見える化」とはこのように、あらゆる切り口で実践されている。これらの取り組みに共通していえるのは「正しい情報から今と未来を読み取り、変化に対応している」ということだ。「正しい情報」はコミュニケーションを通じて得られ、コミュニケーションを通じて意味を持たされる。全ての情報をできる限り「見える化」して変化に対応していく仕組みを持つことは、企業の生き残りの必須条件だ。

チームアップ・コンセプト2
――「シナジーの創造」

「シナジーの創造」とは、社員一人ひとりが持つナレッジや情報、顧客との接点から得られた情報を、あらゆる組み合わせで掛け合わせて新たな価値を生み出すことをいう。新たな価値とは、斬新な商品コンセプトや、経営や業務に革新をもたらすイノベーションアイデアだ。多くの企業の社員は独自に行動することが多いため、「縦割り」のコミュニケーションになりがちだ。シナジーの創造とは、こうした「縦割り」の組織、個人間に横串・ナナメ串を突き刺すコミュニケーションにより実現される。

二四期連続で増益を実現している花王。花王の強さの秘密はあらゆるところで数多く語られているが、やはり花王の魅力といえばその「創造性」。クイックルワイパーやヘルシア緑茶、アジエンスなど新しいコンセプトの商品を絶えず市場に投入するところに魅力がある。そうした創造性を支えているのが、シナジーを起こすように計算されたコミュニケーション。では、花王のコミュニケーションとは一体どういうものだろうか？　それを物語るキーワードをいくつかあげてみよう。

・「言いだしっぺ」「脱管理」「市場が教師」「マーケッターはよく間違える」「大部屋制度」

まず「**言い出しっぺ**」とは「これがやりたい！」「こうしたらいいのでは？」と何かに対して発展的

な意見をした「言いだしっぺ」がリーダーになり、責任を持ってその内容を実現せよ！　という習慣である。「言い出しっぺ」には広い裁量が与えられ、投資が必要なときは自らの情熱を持って上司を説得し、トップを口説き落とすことになる。花王の社風は「フレキシブル」であり「アバウト」。こうした稟議書も存在しない「**脱管理**」の社風の中で、「言いだしっぺ」は多くのチャンスを与えられ、シナジーを創造するきっかけを掴むのだ。

「**市場が教師**」とは、その次の「**マーケッターはよく間違える**」というキーワードと密接な関係にある。花王のマーケッターといえば、それは超一流であるに違いない。だが、そのマーケッターでさえ「よく間違える」ということが社員の共通認識になっている。だから、マーケッターは間違えないように「市場を教師」として学んでいくことが必要だと考える。

そのため花王はとにかく市場との対話、顧客との接点を重視する。市場に密着し、消費者の変化を捉えることを研究開発者から販売担当者に至るまで一丸となって行なう。販社と消費者を交えた「市場検討会」を定期的に開催し、四〇〇〇人の生活者モニターとの交流から意見を吸い上げ、消費者からの問い合わせを集約した情報と商品開発とを結びつける「エコーシステム」を構築している。これによって、常に市場、顧客とのシナジーを実現し、ヒット商品のコンセプトを誕生させている。

そして極めつけは「**大部屋制度**」だ。花王の研究所にはいわゆる部門を分けるカベがない。研究所のフロアそのものが「大部屋」であり、部門を越えた交流が可能なスタイルになっている。フロアだけではない。研究所の立地そのものがシナジーを意識して配置されている。同じ事業分野については研究所と工場、事業所が近くに配置されている。

こうしたシナジーを意識する取り組みは社員のコミュニケーションにも反映される。花王はやたらと議論の多い会社だという。至るところで自然に議論が持ち上がり白熱していく。そうした環境において、互いのナレッジがシナジーを起こし、新しいコンセプトが創造されていく。このように「シナジーの創造」を実現するコミュニケーションが生まれる環境が計算され、仕組みとして構築されているのだ。市場とのシナジー、社員同士のシナジー。そしてそこから生まれる斬新なコンセプト。それらは全てコミュニケーションの土壌と、活発なコミュニケーションで培われる社員の「人間力」「論理力」「対話力」から育まれている。

チームアップ・コンセプト3 ――「スピード&クオリティ」

「スピード&クオリティ」とは、その名のとおり、日常の業務においてスピードを追求しつつ、クオリティも最大化することだ。スピードを追求するがクオリティが伴わない、一方、クオリティを追求するあまりスピードが遅れるというのは多くの会社で見られる問題。この両立が難しい二つを同時に実現することに勝ち組企業はこだわりを示している。

キヤノンの御手洗冨士夫社長はこの「スピード&クオリティ」を何度も口にする。そして自ら実践してみせる。社員には「**会議には結論を持っていけ**」と指導する。そして「**会議をしたら一回で決めろ。繰り返すな**」を鉄則にする。当然、毎朝の役員会議も欠かさない。

キヤノンもスピードを求めるから「稟議書」はない。全てITでリアルタイムに決裁を行なう。一方で、スピードとクオリティを両立するための取り組みも盛ん。その典型例として「**発散会議**」と「**収束会議**」の二つがキヤノンにはある。取り決めが必要な議題があるときは、メンバーが一日オフサイトに集結する。そして、午前中に「発散会議」を行ない、午後に「収束会議」を行なう。まず「発散会議」では参加メンバーが思い思いに自分の夢を語る。アイデアをいろんな方面に発散させる。そして午後の「収束会議」では、午前中に発散されたアイデアを参加メンバー全員で収束させ、答えに近づけていく。一度集まったら鉄則どおり、繰り返すことは許されない。発散と収束、この2ステップを限られた時間の中でフルに行なうことでスピード&クオリティの両方を達成する。

その他にも「**巻き込み大作戦**」というコミュニケ

ーション・スタイルがキヤノンにはある。会議をしている最中に、「このことについて社内で一番詳しい人は誰だ?」となり、「○○さんです」と人物が明確になったら、その場にいない人物であってもすぐに「巻き込んでしまう」作戦だ。会議中のメンバー数人が会議室を飛び出し、その○○さんのもとへ向かい、目の前で模造紙を広げ、即答を求める。当然、○○さんには自分の仕事が存在するが、この「巻き込み」を決して断ってはいけない。むしろ光栄に思って最大限のサポートをする。こうすることで、分からないことをそのままにせずにすぐに解決する、というスピードを維持することが可能になる。

スピード&クオリティ。この二つを両立するための最大の条件は、常に自分のこと、自部門のことに捉われず、「全体最適」を志向する自立した個人が存在し、チームをつくりあげていることだ。つまり、個人の「人間力」の存在がカギとなる。自分とチームのバランスを考え、個人の能力を高めつつ、チームや組織全体のことを解釈の中心におくことができる人材の集まりが、スピード&クオリティを実現する。

チームアップ・コンセプト4
——「ブランドの約束」

「ブランドの約束」とは、社外へのコミュニケーションの鉄則。世に存在するどの企業も「ブランド」を持っている。その価値はそれぞれだが、そのどの「ブランド」にも「約束」がある。例えば、以下の質問に答えてみてほしい。「コカ・コーラといえば?」——さて、何が思いついただろう?「さわやか」「炭酸でシュワシュワ」という人がいるだろう。また「アメリカ!」という人もいれば、「大企業」という人もいると思う。その全てが「ブランドの約束」だ。つまり、その企業の名前から想起できる商品、サービス、イメージ、思い出……、それらを企業はブランドを通じて消費者と「約束」している。そして、この約束は一般に企業不祥事や、曖昧な戦略、お粗末な社員の対応によって破られてしまう。だからこそ、約束は日々のコミュニケーションで常に守られている必要があるのだ。

ブランドの約束を守っていくためには、個人、チーム、部門、企業のそれぞれの単位で約束が実行される必要がある。常にあなたの、そしてあなたの会社のコミュニケーション力が試される。

では参考に、「スターバックス・コーヒー」のブランドの約束とは何だろうか？　読者が一度でも行ったことがあるならば、何らかの約束が思い起こされるだろう。それは、おいしいコーヒーが飲める、元気で明るい店員が迎えてくれる、シャレた雰囲気の中でくつろげる……だろうか。では、こうした約束を一度でも裏切られたらどうなるだろう？　スターバックスに対するイメージが少し悪くなってしまうのではないか。

スターバックス・コーヒーは、そうした約束を守り続けるためにはアルバイトを含めた従業員のモチベーション維持・向上が必要との考え方から「従業員満足」を第一に掲げる。満足した従業員は顧客に素晴らしい価値を提供する。価値を提供された顧客はさらにスターバックスへのロイヤルティを高める。そしてスターバックスには利益がもたらされ、再びそうした利益が従業員に還元され従業員満足が高まる。そうした従業員をコアにしたコミュニケーションサイクルを仕組み化することでブランドの約束を守り、進化させている。

ブランドの約束を守るには、社員と企業の「人間力」「論理力」「対話力」の全てが欠かせない。相手の立場で考え、思考し、実践していくことが何よりも求められる。同じ考えがフェデックスでも、ディズニーランドでも実践されている。こうした企業は、ブランドの約束をいついかなるときも守り続けることを第一に考えている。

チームアップ・コンセプト5
――「遺伝子の継承・進化」

「遺伝子の継承・進化」。このこだわりこそ、企業にとって最も大事なものだろう。「遺伝子」とは企業の持つ使命、ビジョン、文化、風土すべてに共通する「その企業らしさ」を一言で言い表した言葉。この「遺伝子」は企業経営において「遺伝子経営」、「企業DNA」、「○○ウェイ」、「○○バリュー」、「○○イズム」という言葉で表現されることが多い。有名なのは「トヨタウェイ」や「GEバリュー」「ホンダイズム」だろう。「遺伝子の継承・進化」とは、こうした遺伝子を次代に継承し進化させることで、永久に繁栄し続ける組織の仕組みを作り出すことだ。真の勝ち組企業というのはこうした「遺伝子の継承・進化」を実現するコミュニケーションに最大のこだわりを示している。脈々と受け継がれている遺伝子をしっかりと認識し、次代に継承するには活発なコミュニケーションが必要だ。

最近、人材教育の現場で仕事をしているとよく伺う話が「紐付きの人材育成」についてである。若いうちからリーダーの資質を見出し、紐をくくりつけて、集中的に教育を行ない、次代のリーダーに育成していくというシナリオだ。だからといって、MBA留学をさせるわけではない。それよりもトップと交流を行ない、自社のことをよく知る機会を提供する。当然、経営に関する知識の詰め込みや思考力の強化も行なわれるが、それ以外に「遺伝子教育」「リーダーシップ教育」を重視している企業が増えている。

トヨタが二〇〇二年にスタートさせた「トヨタインスティテュート」。ここではグローバルに経営幹部候補の育成が行なわれているが、その目的は、体系的に「トヨタウェイ」を実践できる人材の育成、とされている。またソニーもトヨタより二年早い二〇〇〇年に「ソニーユニバーシティ」を設立している。ここでも幹部候補の人材に対し、ソニー独自の文化や価値観を共有し、さらに発展させていくことが目的にされている。そして直近では、日産自動車が箱根に「マネジメントインスティテュート」を建築中だ。ゴーン経営の直轄を離れる二〇〇五年五月を目前に、V字回復を果たしたゴーン流改革遺伝子を継承するための聖地と位置づけている。

こうした企業の動きは、これからのリーダーには遺伝子を理解し、継承し、発展させていくことが求められていることの表れだろう。ただしトヨタやソニー、日産のように教育機関を設立しなくとも、社内のコミュニケーションを通じて企業の持つ遺伝子を次代の社員に継承し、発展させる機会を提供することは今後欠かすことのできない取り組みだ。それには遺伝子をしっかりと認識し、継承・進化させるコミュニケーションの機会を持つことが重要だ。「会社のことを知る！」「会社の未来を考える！」というマインドが何よりも求められる。

さて、ここまで勝ち組企業のベストプラクティスをもとに五つのコミュニケーション・コンセプトをみてきた。これらの企業に共通する特徴はコミュニケーションそのものを「仕組み」に変えてしまっていることだ。一過性のブームであれば人が変わればなくなってしまうが、「仕組み」は次代に受け継がれていくもの。こうしたコミュニケーションの仕組みの存在が、負けないために必要であり、勝ち組企業の強さの本質といえる。

では、次節では実際に仕組みをつくっていくために何をすればいいか、を考えていくことにしよう！

Communication

04

チームアップ・コンセプトを実践する「仕組みづくりのノウハウ・ドゥハウ」

自社のコミュニケーションを変革するために!

さて、本書もいよいよ最終節。これまでに説明してきたコミュニケーション力を、チーム丸ごと向上させる五つのチームアップ・コンセプトを現場で実践するための「仕組みづくりのノウハウ・ドゥハウ」だ。

では五つのチームアップ・コンセプトについて、今一度確認してみよう。まずは、自社のコミュニケーションのどこが最も課題として重要なのかをしっかりと把握してほしい。そして次に実際にコミュニケーションを仕組みづくりによって変えるとした場合に「変えられる範囲」を特定してみよう。いきなり自社の組織全体を変えようと思ってもなかなか難しい。そうであれば、あなたが所属している部門やチームならどうか? とにかくどんな単位の組織に対してでもいいから、実際に動き出し、変革を行なってみることが必要だ。

さて、課題がある程度明確になり、変革を及ぼす範囲も特定されたら次は実行に移ろう!

仕組みづくりのノウハウ・ドゥハウ

ここからは現場において実行するためのノウハウ・ドゥハウだ。全てに共通するポイントは「仕組みづくり」をするということ。その仕組みは全社レベルで取り組むものもあれば、チーム単位で取り組むものもあり様々だ。では、どのように「仕組みづくり」をすればよいだろうか。それを図で表すと次のようになる（図8―3参照）。

横軸が「五つのチームアップ・コンセプト」だ。そして縦軸が、今からお伝えする「仕組みづくり」のカテゴリーだ。そして、横軸と縦軸が重なる部分が、「仕組みづくり」の具体的な取り組み内容になる。課題にあわせて必要な仕組みの構築を試みていただきたい。

チームアップ・コンセプトを仕組みづくりするときのカテゴリーは次の三つだ。

①「言霊＝遺伝子づくり」

②「ルールづくり」

③「スタイルづくり」

この三つの仕組みそれぞれに取り組みが存在する。以下に代表的なものをお伝えしよう。

仕組みづくり1
――「言霊＝価値遺伝子づくり」

「言霊」の意味、使い方については既に6章において解説した。ここではコミュニケーションの仕組みとして取り上げる。

「言霊をつくる」といってもピンとこないかもしれない。これまで何度か触れたように、コミュニケーションに優れた企業には、その企業独特の遺伝子キーワードが存在する。改めて例をあげるとトヨタなら「ゲンチゲンブツ」「カイゼン」、ホンダなら「ワイガヤ」「ヤマゴモリ」「フレキ」「夢」、花王なら「マーケティング」「言いだしっぺ」「大部屋」、キヤノンなら「しつけ」「共生」「ワイガヤ」「技術バラシ」、セブン‐イレブン・ジャパンなら「変化対応」「死に筋・生き筋」「仮説検証」「モノ真似をしない！」だ。こうした言葉の一つひとつが、その企業のコミュニケーションの本質を物語る「言霊」だ。

こうした言霊がある会社は、言霊を一つ唱えるだけで、一〇のことが相手に伝わる。「カイゼン！」というだけで、その言葉の意味を超越した、コミュニケーションの本質、経営の本質が社員に届くわけだ。相手の立場を思う人間力は「言霊」として表現される。

では、みなさんの会社には普段から使われている

8-3 チームアップ・コンセプトと仕組みづくり

チームアップコンセプト／仕組みカテゴリー	コンセプト1「見える化」	コンセプト2「シナジーの創造」	コンセプト3「スピード&クオリティ」	コンセプト4「ブランドの約束」	コンセプト5「遺伝子の継承・進化」
「言霊=遺伝子」	●キーワードづくり 例:カイゼン、ワイガヤ、共生など ●経営者と若手のコミュニケーション機会をつくる	●キーワードの共有·使用·創造 ●他部署との定期的意見交換 ●クロスファンクショナルチームの結成	●一言伝えれば、10の内容が伝わるキーワードづくり ●クオリティを伝える遺伝子継承OJT	●生活者向けコピー ●ブランドの約束を象徴するコピー社員募集 ●顧客対応OJT	●遺伝子キーワードづくり&伝達&共有 ●遺伝子継承プログラムの実践
「ルール化」	●会議の内容は全て議事録をとる ●情報共有のための1分間スピーチ ●社内掲示板を設置し、現場の情報をコマメに入力 ●なんでもデータ化	●巻き込み大作戦 ●密造酒づくり ●大部屋制度 ●現場トピックスの掲示板入力&共有	●巻き込み大作戦 ●緊急時上司の決裁省略ルール ●発言は1分以内習慣 ●報告は紙1枚以内習慣	●20万円ルール(顧客のための使用なら20万円まで予算権限あり) ●社内でも顧客尊重の言葉づかいの徹底 ●電話は3コール以内にでて元気に挨拶	●社内ベンチャー制度 ●社長へのダイレクトメール ●本音意見交換
「スタイル」	●フラットに本音で意見交換 ●早朝会議 ●夢共有ミーティング ●具体的な数値で語る習慣づけ	●社員が気軽に集まれるコミュニティスペース ●飛び入りOKミーティング ●どこでも議論可能なオフィス環境	●自由な意見交換 ●技術バラシ会議 ●発散·収束ミーティング ●時間限定ミーティング ●早朝会議	●顧客を主語にしてミーティングを実施 ●顧客と交流できる場づくり	●リーダーシップ育成トレーニング ●部門を越えたいつでもどこでもOJT

「言霊」＝価値遺伝子があるか、考えてみよう。

昔はあったけど、今はなくなっている……とか、そもそも言霊は存在しない、または「社会に貢献」や「コンプライアンス」という一般的によく語られる言葉しか思いつかない、という場合は、社員のコミュニケーションの拠り所が存在しないということだ。もしくは存在していても見えにくくなっている。

「言葉」というのは意外に重要。経営者が唱える言葉を右から左に聞き流してはいないだろうか？

「言霊」は本来、現場から生まれるもの。もし経営陣が唱えることが違うと思ったり、ピンとこなかったら、現場のコミュニケーションや習慣を俯瞰して、コミュニケーション活性化に必要なコンセプトを考えてみよう。そして、それを「言葉」に変えて他のメンバーに伝えよう。その言葉は誰にでも伝わる分かりやすいものにしよう。そして、いつも同じ言葉を使ってみよう。他のメンバーも使ってくれるようになったらしめたもの。すると次第に単なる「言葉」が深い意味を備えた「言霊」に変わっていく。そして、あなたが考えた言葉には多くの意味がこめられるようになるのだ。

そのためにも、「チームのコミュニケーションを活性化するには？」という自分への日常的な問いかけを怠ってはいけない。問いかけから言葉が生まれ、それが言霊へと進化していく。「言霊＝遺伝子づくり」は、あなたや組織の相手の立場で考える「人間力」をもとに芽生え、「論理力」と「対話力」で相手の懐に届く仕組みの一つだ。

・〈実践のポイント〉チームのコミュニケーションを活発にする言葉を考え常に唱えてみよう！

仕組みづくり2――「ルールづくり」

ノウハウ・ドゥハウ二つ目は、「ルールづくり」である。「ルール」というとあまり響きがよくないかもしれない。学生時代からルールに悩まされていた人は多いはず。しかし、ここでいう「ルール」とは「こうしてはいけない！」ということではない。ここでの「ルール」とは「これをしよう！」「これを習慣化しよう!」というポジティブなルールだ。

例をあげると、トヨタなら「なぜ?を五回言う」「見える化」であり、3Mなら「密造酒づくり(=上司から否定されたアイデアを地道に研究し続けることが許されること)」、サントリーなら「やってみなはれ!」だ。勝ち組企業の多くは、創造性を高めるために、コミュニケーションを活発化し、「ルールづくり」を行なっている。キヤノンの「巻き込み大作戦」や、花王の「言いだしっぺ」もルールである。会社としてチームとして「ルール」になっていないと、たとえよい影響を及ぼすようなことでも実行しにくいことがある。「巻き込み大作戦」はまさに、ルールとして成立しているから、巻き込まれた方も気を悪くせずに協力することができるのだ。

「ルールづくり」のポイントは、「『誰もがあったらいいいと思っているのに、できていないこと』を『ルール』に変えてしてしまおう!」ということ。なんとなく曖昧にしておくのではなく、しっかりとチームのルールとして決めてしまう。二〇〇五年に誕生したプロ野球球団、東北楽天ゴールデンイーグルスでは、「おかしいと思ったら素直に伝える」というルールが決められている。一九歳の若手の選手が田尾安志監督に「監督の教えてくれたことは僕にはあてはまらない」と、目の前で言い切った。田尾監督は一瞬ビックリしたというが、素直に受けとめることができた。それもあらかじめ「ルール」がそこに存在したからだ。

「ルールづくり」をすることで、誰もが必要と思っていることを胸を張って行なうことができるようになる。あなたのチームのコミュニケーションを活発にし、創造性を高めるために必要なルールにはどういうものがあるだろうか。「思いついたアイデアを全員にメール!」や「早朝一分間スピーチで業務報告!」、「恨みっこなしの本音討論会!」など、考えればルールづくりできることは数多くあるはず。そうしたルールを上司に提案して、実際にチームを動かしてみよう!

・〈実践のポイント〉誰もがあったらいいと思っているのにできていないことを「ルール」にし

てみよう!

仕組みづくり3――「スタイルづくり」

さて、仕組みづくりのノウハウ・ドゥハウ、三つ目は「スタイルづくり」だ。どの会社、どの組織にも独自の「スタイル」がある。勝ち組企業の例をあげれば、トリンプ・インターナショナルの実践する「早朝会議」やキヤノンの「発散・収束会議」、花王の「大部屋」、スターバックスの「フラットな従業員教育」などはその会社ごとの「スタイル」だ。つまり、その企業の文化や風土、考え方、遺伝子がカタチになっているものを「スタイル」という。

文化や風土にはいいものもあれば、悪いものも当然存在する。善玉は残し、悪玉は駆逐することが企業には求められる。「スタイル」とは、この善玉を残すためのカタチであり仕組みのこと。人が変われば善玉がなくなってしまうのでは意味がない。次代に残すために「スタイル」をカタチとしてつくっていくことが必要だ。

ではどのように「スタイル」をつくっていくか。まず意外に取り組みやすいのは「会議」に新たなスタイルを持ち込むことだろう。「会議」は会社そのものを凝縮している。業績のいい会社の会議は活気があって、タイムマネジメントの意識も存在する。一方、ダメな会社の会議はやはりダメなことが多い。会議はその会社の「スタイル」そのものだ。だからスタイルをつくりたければまずは会議を変えるのが手っ取り早い。この会議を変えることについては、HRインスティテュート著『会議を変えれば会社が変わる!』(PHP研究所)に詳細があるので、もしよろしければ読んでみてもらいたい。

会議にスタイルを持ち込むとは、つまり、「会社をこう変えたい!」「こういう社員が育ったらいいのに!」「こういう意識がメンバーに存在すればば!」と、あなたが普段思っていることを「会議」で実践してみることだ。時間を守る、発言を活発にする、違うことは違うと言う、創造的アイデアを出し合う、全員が出席する、タバコを吸わない……、いろいろと考えれば思いつくはずだ。それを一過性のもので終わらせず、カタチとしてつくりあげていく。会議の変革は必ずメンバーの意識・行動に変革をもたらす。それがやがて仕組みになり、チームの「スタイル」として確立していくに違いない。

・〈実践のポイント〉「こうだったらいいのに!」と思うことを会議に取り入れてみよう!

徹底的にコミュニケーションにこだわる人に!

さて、本章では組織と個人のつながりを中心に、様々なベストプラクティスを紹介しつつ必要とされる組織と個人のコミュニケーションについて述べてきた。また、本書全体を通し、「人間力」「論理力」「対話力」という個人として高めていくコミュニケーション・スキルや、チーム内で発揮するコミュニケーション・スキルについてお伝えした。本書をここまで読み進めてきた読者はコミュニケーションの必要性を感じ、現場での実践ノウハウが見えてきたと思う。

ここで最後にもう一度お伝えしたいのは、「徹底的にコミュニケーションにこだわってほしい!」ということ。コミュニケーションとは「納得!」である。コミュニケーションを選ばず、どんな局面においても、どんな人に対しても、積極的に、忍耐強くコミュニケーションをしていって欲しい。そんな人材、そんなチームは互いに納得し合えるし、納得し合うことができればモチベーションがあがり、成果がついてくる!

コミュニケーションが希薄になっている今だからこそ、粘り強く、納得を得るコミュニケーション力を発揮する人材が求められるのは必然なのだ。時代はコミュニケーション・リーダーを求めている!

読者の中からそうしたコミュニケーション・リーダーが誕生してくれれば、我々HRインスティテュート・メンバー一同は本当に光栄に思います!

【著者紹介】

株式会社HRインスティテュート
理論偏重ではない「使えるコンサルティング」「実効性のある研修」を柱としたコンサルティング・グループ。1993年に設立。
具体的かつ即効性のあるコンサルティング、ワークアウト、研修、WBT（ウェブ・ベースト・トレーニング）、通信教育などのプログラムを展開している。
コンサルタントの「ノウハウ・ドゥハウ」を十分に反映させた「戦略シナリオ構築」「ビジネスモデル＆ビジネスプラン策定」「ロジカルシンキングのノウハウ・ドゥハウ向上」「プレゼンテーション・スキル向上」といったプログラムは、多くの企業で採用され実績をあげている。
原宿にビジョンハウス（セミナーハウス）を設立し、教師、起業家、学生……に向けたプログラム展開も実施中。

〒150-0001
東京都渋谷区神宮前１-13-23
http://www.hri-japan.co.jp/

【編者紹介】

野口吉昭（のぐち・よしあき）
横浜国立大学工学部大学院工学研究科修了。現在、株式会社HRインスティテュート（HRInstitute）の代表。主な著書・編書に『遺伝子経営』（日本経済新聞社）、『経営コンサルタントハンドブック』『戦略シナリオのノウハウ・ドゥハウ』（以上、PHP研究所）『考える組織』（ダイヤモンド社）、『夢とビジョンを語る技術』（かんき出版）など多数。

【各章担当者】

第１章：野口吉昭

第２章：守屋智敬（もりや・ともたか）
コンサルタント。ビジネスモデル構築、フィージビリティスタディ、プレゼンテーションスキルアップなどを担当。著書に『ビジネスモデル構築７つのコンセプト』（かんき出版）、『仮設検証のノウハウ・ドゥハウ』（PHP研究所）など。

第３章：稲増美佳子（いなます・みかこ）
常務取締役エグゼクティブコンサルタント。マーケティング・パワーアップ、ロジカルシンキング・スキル開発などを担当。共著書に『仮説検証のノウハウ・ドゥハウ』『プレゼンテーションのノウハウ・ドゥハウ』（以上、PHP研究所）など。訳書に『マザーテレサ日々のことば』（女子パウロ会）。

第４章：小島潤子（こじま・じゅんこ）
コンサルタント。プレゼンテーション・スキルアップ、マーケティング戦略シナリオ策定支援などを担当。共著書に『自分プレゼン』（日本能率協会マネジメントセンター）、『ロードマップのノウハウ・ドゥハウ』（PHP研究所）など。

第５章：国友秀基（くにとも・ひでき）
コンサルタント。事業戦略、マーケティング戦略、ビジネスモデル＆ビジネスプラン構築などを担当。共著書に『戦略構想力を鍛えるトレーニングブック』（かんき出版）、『コンセプト思考のノウハウ・ドゥハウ』（PHP研究所）など。

第６章：内田友美（うちだ・ともみ）
取締役チーフコンサルタント。セールスコーチング開発、ブランド開発、マーケティング・プラットフォーム構築などを担当。著書・共著書に『セールス・コーチングの進め方・活かし方』（かんき出版）、『夢指向型組織の時代』（産能大学出版部）、『マーケティングのノウハウ・ドゥハウ』（PHP研究所）など。

第７章：染谷文香（そめや・あやか）
コンサルタント。ビジネスプラン構築、学校経営戦略、デジタルコンテンツ開発（WBT）などを担当。著書に『必ずYES！と言わせる事業企画書のつくり方』（ダイヤモンド社）、『参画型経営戦略策定シナリオ』（かんき出版）など。

第８章前半：根反勝政（ねそり・かつまさ）
取締役シニアコンサルタント。ビジョン＆戦略構築、テクノロジーマーケティング変革、セールスフォースプログラムなどを担当。著書に『営業戦略の立て方・活かし方』（かんき出版）、『戦略シナリオのノウハウ・ドゥハウ』（PHP研究所）など。

第８章後半：三坂健（みさか・けん）
コンサルタント。ビジョン＆戦略シナリオ構築ワークアウト・プログラム、ロジカルシンキング研修、プレゼンテーション研修などを担当。共著書に『自分マーケティング』『自分プレゼン』（以上、日本能率協会マネジメントセンター）など。

PHPビジネス選書

発刊にあたって

厳しい企業社会を生き抜く現代ビジネスマンには、すぐれた実務能力に裏打ちされた、高度な「実力」が強く要望されています。

この『PHPビジネス選書』は、「読みやすく、わかりやすく、すぐ役に立つ」を基本コンセプトに、現代ビジネスマンに求められる専門知識・情報・教養などを厳選し、実践的に役立つ書として順次お届けしてまいります。

本シリーズを、読者の皆さまのますますの実力向上の一助としてお役立ていただきますよう、心より念願いたします。

PHP研究所

コミュニケーションのノウハウ・ドゥハウ

2005年5月23日　第1版第1刷発行

編者　野口吉昭
著者　HRインスティテュート
発行者　江口克彦
発行所　PHP研究所
東京本部　〒102-8331　千代田区三番町3番地10
ビジネス出版部　☎03-3239-6257（編集）
普及一部　☎03-3239-6233（販売）
京都本部　〒601-8411　京都市南区西九条北ノ内町11
PHP INTERFACE　http://www.php.co.jp/
製版所　株式会社マッドハウス
印刷所
製本所　凸版印刷株式会社

ISBN4-569-64245-4

PHP研究所、ノウハウ・ドゥハウシリーズ、好評既刊！

戦略シナリオのノウハウ・ドゥハウ

野口吉昭 編
HRインスティテュート 著

「戦略」は立てるだけではダメ。いかに実行するか、その過程をシナリオとして作成するための考え方から実践手法までをやさしく解説。

定価一、六八〇円
（本体一、六〇〇円）
税五％

PHP研究所、ノウハウ・ドゥハウシリーズ、好評既刊！

戦略経営に活かす

仮説検証のノウハウ・ドゥハウ

野口吉昭　編

HRインスティテュート　著

セブン－イレブンや花王、ユニクロ等で注目を集める仮説検証型経営。個人にも組織にも役立つ、その思考法から実践スキルまでを図解詳説。

定価一、六八〇円
（本体一、六〇〇円）
税五％

ＰＨＰ研究所、ノウハウ・ドゥハウシリーズ、好評既刊！

ロジカルシンキングのノウハウ・ドゥハウ

野口吉昭　編
ＨＲインスティテュート　著

いまやビジネスマンにとって必要不可欠のスキルとなった論理的思考法。その鍛え方から会議やプレゼンでの活用法までをわかりやすく解説。

定価一、六八〇円
（本体一、六〇〇円）
税五％

PHP研究所、ノウハウ・ドゥハウシリーズ、好評既刊！

ロードマップのノウハウ・ドゥハウ

野口吉昭 編
HRインスティテュート 著

ありたい未来を描き、それを実現するための戦略立案ツール「ロードマップ」。経営、事業、商品、技術、人財の五つのロードマップの作成・活用法を解説。

定価一、六八〇円
（本体一、六〇〇円）
税五％